E. Eichler

# Anekdoten
# aus Baden-Württemberg

111 Anekdoten
von A bis Zet

Gesammelt und niedergeschrieben
von
Richard Carstensen

**Husum**

Umschlagbild: Rudolf Kuntz und Marie Ellenrieder, „General Krieg
v. Hochfelden und Gemahlin zu Pferde", 1832
(Abdruck mit freundlicher Erlaubnis der Staatlichen Kunsthalle Karlsruhe)


CIP-Kurztitelaufnahme der Deutschen Bibliothek

**Anekdoten aus Baden-Württemberg** : 111 Anekdoten
von A — Zet / ges. u. niedergeschrieben von
Richard Carstensen. — Husum : Husum Druck- und
Verlagsges., 1983.
  (Husum-Taschenbuch)
  ISBN 3-88042-187-0
NE: Carstensen, Richard (Hrsg.)









© 1983 by Husum Druck- und Verlagsgesellschaft mbH u. Co. KG,
  Husum
Satz: Fotosatz Husum GmbH
Druck und Verarbeitung: Husum Druck- und Verlagsgesellschaft
Postfach 1480, D-2250 Husum
ISBN 3-88042-187-0

# Vorwort

*kann zum Verständnis des Bindestrich-Staates förderlich sein*

In die Reihe unserer „Anekdoten aus. . . ", die mit 2 Bänden „Anekdoten aus Schleswig-Holstein" sowie „Anekdoten aus Niedersachsen", „Anekdoten aus Bayern" und „Anekdoten aus Berlin" gute Resonanz gefunden hat, treten nun „Anekdoten aus Baden-Württemberg".

Als Gruppierung sind die Anekdoten, literarisch gesehen, weithin stammes- und landschaftsgebunden in ihrem Ausdruckscharakter. Das gilt natürlich unübersehbar für die arteigenen Verschiedenheiten dieses Bindestrichstaates, die hier nun in der Vereinigung erscheinen.

Als typisches Binnenland – im Süden und Südwesten an das Alemannische grenzend, im Nordwesten und Norden an das Fränkische und im Osten an das Bayerische – weist das Schwäbische Horizonte auf, die manchem Betrachter verstellt und eigengerichtet erscheinen mögen. So ergab sich von diesen kernigen Stauferanhängern, die einst die Sturmfahne des Heiligen Römischen Reiches deutscher Nation getragen haben, das außerhalb der Grenzen belächelte Bild von den Sieben Schwaben, das erst UHLAND mit seinen „Schwabenstreichen" zurechtrücken mußte.

Sicherlich hat dieser schlichte Wesenszug der Bevölkerung mancherlei von dem Treuherzig-Beschränkten, so wie in der Geschichte von dem Schultheiß berichtet wird, dem der Personalausweis einer Ortsfremden mit dem Vermerk „Dient nicht als Legitimation" vorgelegt wird, worauf er selbstsicher hinzufügt: „sondern als Kuhmagd".

In Wirklichkeit hat sich ja gerade aus dem „treuherzig und gradaus" eine Betriebsamkeit des Volkscharakters entwickelt, das berühmte „Schaffe-schaffe, Häusle baue" mit der unvergleichlichen, nüchternen Tüchtigkeit und dem Gespür für die Notwendigkeiten des Alltäglichen. Das wiederum ist der Urgrund schwäbischen Selbstbewußtseins mit seiner – wenn auch Fremden gegenüber zurückhaltenden – Selbstsicherheit, die sich oft entwaffnend direkt äußern kann. Aus dieser Bezogenheit auf das eigene Ländle erwuchs die Kleinindustrie, in ihrer Dezentralisation ohne alle proletarischen Ballungszentren, die das Land so konsolidiert wohlhabend gemacht hat.

Bedeutsam für schwäbische Geisteshaltung wurde der Pietismus, auch wenn Heinrich Heine viel Spott über die Schwaben –

„Es ist schwer, in Stuttgart nicht moralisch zu sein" – ausgegossen hat. Hoch einzuschätzen ist dabei das evangelische Pfarrhaus, denn ein entscheidender Teil der führenden Geistigkeit ist dieser Herkunft, für die wiederum das Tübinger Stift von hoher Bedeutung wurde.

„Der SCHELLING und der HEGEL, / der UHLAND und der HAUFF, / die sind bei uns die Regel, / das fällt hier gar nicht auf", so wird es mit Stolz zitiert als Anspruch, diese überragenden Geister mit in den Alltag hinüberzunehmen, und im Hinblick auf die Häufung schwäbischer Erfinderleistung möchte man da rühmend fortfahren: „Auch in der Technik: Man erkennt's, / daß nicht der Geist erlosch, / und blickt auf DAIMLER, PORSCHE, BENZ, / auf ZEPPELIN, HEINKEL, BOSCH."

Diesem Spannungsreichtum schwäbischer Wesensart fügt sich der Badener – bitte nicht: „Badenser", das ist eine ganz unbadische Wortbildung! – an, nicht weniger wertvoll, aber eben doch vielfach andersartiger Mentalität.

Seine Landschaft in ihrer Vielfalt – von dem sonnigen Rheintal, das sich mit dem feierlich-düsteren Schwarzwald im Hintergrund so weit nach Westen hin öffnet, dem Bodensee mit seinen lieblichen Ufern, dem bäuerlichen Land, dem Markgräfler Rebengelände bis hin zum Industrierevier im Norden –, sie spiegelt sich auch im Volkscharakter wider, in der Wesensart der Pfälzer und Franken wie der Alemannen.

Der Badener gibt sich bescheidener als der Schwabe, lebensfroher und leichter, es ist, als höre man einen verbindlichen Unterton des Menschlich-Persönlichen aus seinen Worten heraus, er ist aufgeschlossener auch über die Grenzen hinaus, zum Elsaß hinüber, ins Schweizerische; man spürt, daß die Münstertürme in Basel, in Freiburg, in Straßburg etwas Gemeinsames verbindet.

Sicherlich ist an den Badenern die Habsburger Zeit nicht spurlos vorübergegangen, Napoleon machte die Markgrafen zu Großherzögen, die lange Regierungszeit Friedrichs, den man den Milden nannte, führte Jahre der Blüte herauf und prägte nachhaltige Werte.

Und nun der Bindestrich: Daß in dem einst ungeeinten Deutschland hinderliche Unterschiede für Gemeinsames existierten, meinte einst schon ein Bundesverteidigungsminister herausheben zu müssen: „Was die Kriegsgemeinschaft zwischen Baden und Württemberg 1866 so schwierig gemacht hat, war die Tatsache, daß das württembergische Angriffssignal bis auf den letzten Ton identisch war mit dem badischen Rückzugssignal ..." Zu weiterführenden Vergleichsüberlegungen besteht allerdings keinerlei Berechtigungsanlaß, schon gar nicht beim Gedanken an das großherzogliche Eliteregiment in Karlsruhe, das einst weit über die gelb-rot-gelben Grenzpfähle hinaus hohes Ansehen genoß.

Im Jahr 1951 entschied die Volksabstimmung in Baden und in Württemberg für eine Vereinigung. Zwar empfanden manche Badener sie als robuste Umarmung mit „Südpreußen", aber es war eine standesamtlich geschlossene eheliche Bindung, wenn auch als Vernunftehe, doch die wächst ja bekanntlich in der Vielzahl der Fälle organisch zusammen und lernt mit der Zeit beiderseitige Werte erkennen und anerkennen.

So wie es auch der Volksmund bestätigt: Da hat der Frieder aus Reutlingen eine Frau geheiratet, die aus dem Badischen stammt; nicht selten muß sie das als Vorwurf hören. „Älle g'scheide Leud send Wütteberga gwä!" protzt er dann heimatbewußt. „Schau de Schiller ond dr Uhland ond dr Mörike ond net zom Vergesse dr Zeppelin, dr Daimler, dr Bosch ond dr Benz ... I saag dr bloß ois: Mir Wütteberga!" Die Ehefrau aus dem Badischen hat Selbstbewußtsein genug, sich nicht unterdrücken zu lassen. „'s mag sei", stimmt sie nachgiebig zu. „Awer ois saag mr: Worom bischd nah denn du eigentlich nix g'worde?!"

Seit beide Länder in der neuen staatsrechtlichen Gliederung den SW-Staat bilden, soll das inzwischen vollzogene Miteinander-Verwachsen des Musterländle auch in unserer Sammlung Bestätigung finden. Politik und Verwaltung mühen sich um diese Einheit, Stuttgart als einstige Schwabenmetropole ist anerkannte Landeshauptstadt, die Kabinettsbildung kennt keine landsmannschaftlichen Unterschiede, KIESINGER als einstiger MP ist Schwabe, FILBINGER Badener, der jetzige Ministerpräsident von Baden-Württemberg, LOTHAR SPÄTH, nimmt — als Schwabe — die Vereinigung beider Elemente sehr ernst: „Spötter sagen, die Schwaben essen, um schaffen zu können. So wie man auch sagt, die Badener schaffen, um gut essen zu können. Ich wäre gern ein echter Baden-Württemberger, auf den beides zutrifft."[2]

## *Finanzkönig*

Welche unbegrenzten Entwicklungs- und Entfaltungsmöglichkeiten das Leben einem rechten Badener bietet, bewies der 20jährige Metzgergeselle aus Walldorf bei Heidelberg, der vor zwei Jahrhunderten sein Heimatdorf verließ, um jenseits des Atlantik in der Neuen Welt eine neue Heimat zu finden, und der dort zum legendären Begründer einer Finanzdynastie wurde. Sein Grundkapital waren 25 Dollar. Als er mit 84 Jahren starb, hatte JOHANN JAKOB ASTOR, der sich inzwischen John Jacob nannte, ein Vermögen von 150 Millionen aufgehäuft. Pelzhandel und Grundstücksspekulation hatten zu diesem Reichtum geführt; ein großer Teil des heutigen New York steht auf Manhattans Boden, der einst Astor gehörte.

Mit entscheidend für seine Beziehung zum Geld aber war ihm das heimatliche Erbe förderlich gewesen: Der Walldörfer wußte mit seinem Geld sparsam umzugehen – auch wohl auf Kosten der Partner. Als er einst mit einer Schiffsbesatzung wegen des Löschens einer Ladung Madeira verhandelte, wurde als Lohn eine Korbflasche dieses Süßweins ausgemacht. Doch nach getaner Arbeit ließ die Aushändigung auf sich warten, monatelang. Und als der Kapitän – inzwischen war ein ganzes Jahr vergangen – den vereinbarten Entgelt erneut anmahnte, ließ Astor ihn wissen, der Madeira sei noch nicht genügend abgelagert ...

## *Gegen die Symmetrie*

An der Kunstakademie Stuttgart lehrte nach dem Zweiten Weltkrieg WILLI BAUMEISTER, der von impressionistischer Gestaltung über den Konstruktivismus zur gegenstandslosen Malerei gelangt war. Mit seinem Werk „Das Unbekannte in der Kunst" wurde er deren prominenter Theoretiker in Deutschland. „In jedem absoluten Bild muß es spuken", erklärte dieser richtungsweisende Vertreter abstrakter Kunst programmatisch.

Manche seiner Anhänger mußten solches Anliegen wohl verkennen, wenn sie diese Kunstübung – „In zehn Minuten ein Bild!" – für „leicht" hielten.

Jedenfalls war einst eine Kunstschülerin auf dem Weg zur Akademie, wo an diesem Tag eine Verteilung von Aufträgen erfolgen sollte, und begegnete einem Bekannten, dem ihre Aufmachung ungewöhnlich erschien: Die Kleidung extravagant modern, die Fingernägel in verschiedensten Färbungen getönt – doch nur sieben der zehn Finger. „Der Professor schätzt so etwas", erklärte sie auf Befragen.

„Aber warum haben Sie denn drei Fingerhalbmonde ausgelassen?"

„Das ist wegen der modernen Asymmetrie!"[3]

## Wechselseitiges Abnehmen

Der Stuttgarter Klarinettist CHRISTIAN BEERHALTER, Orchestermitglied des Königlichen Hoftheaters, galt vor hundert Jahren als ein hervorragender Künstler seines Faches; zugleich war er aber auch verliebt in die irdischen Freuden des Alkohols. Die Folge war eine erhebliche Schuldenlast, was den Künstler – gleichsam um Buße zu tun – dazu veranlaßte, sein Äußeres zu vernachlässigen und sich den Bart unbekümmert wachsen zu lassen. König Wilhelm, der solche „Demokratenbärte" nicht schätzte, ließ den Künstler wissen, er möge das Schermesser walten lassen, worauf Beerhalter prompt antwortete: „Gerne werde ich ihn abnehmen lassen, wenn Seine Majestät die Gnade hat, mir abzunehmen, was mich stört – meine Schulden!"

Der König machte gute Miene und beglich das nicht unerhebliche Minusregister des Verschuldeten. Aber als der trinkfreudige Künstler aus Freude über die überraschende Befreiung von der drückenden Last wiederum die Grenzen seines Einkommens weit überschritt und erneut zum Zeichen seiner bedrückenden Lage – und in der stillen Hoffnung auf hochherzigen Ausgleich durch die Königliche Schatulle – seinen „Demokratenbart" wuchern ließ, zeigte der König sich nicht mehr interessiert. Der Klarinettist blieb – im wörtlichen Sinne – von nun an ungeschoren.[4]

## *Traum vom Wagen ohne Pferde*

Der kleine „Karle", der noch nicht einmal zur Schule ging, konnte stundenlang mit seiner Tafel sitzen und zeichnen. Aber was er auch zeichnete oder malte, zuletzt ergab es immer eine Lokomotive, aus der der Rauch herauskam. Fauchend wie eine Lokomotive sprang er abends in sein Bett, und fauchend stand er morgens auf. „Die Lokomotive, ein Wagen ohne Pferde! Sie machte mich in meinen Bubenjahren namenlos glücklich", hat er später selber berichtet, „ – so wie sie meine Mutter namenlos unglücklich gemacht hatte."

Die Mutter hatte nämlich durch die Lokomotive ihren geliebten Mann, den Lokomotivführer Hansjörg Benz, verloren. Für den Sohn bedeutete die Lokomotive in jenen Jugendträumen das Höchste und Größte – sein Alles. Er war berufen, der Welt eine schicksalwendende Erfindung zu bescheren.

In seinen Erinnerungen berichtet KARL BENZ, der – unabhängig von Daimler – als Pionier des Kraftfahrwesens bereits 1885 einen der ersten Benzinkraftwagen baute, von der „Überwindung der Kutscherzeit".

Benz' jahrzehntelanges Schaffen hatte endlich dazu geführt, sein „Fahrzeug mit Gasmotorenbetrieb" patentieren zu lassen. Doch in Baden war „Fahren mit elementarer Kraft" verboten, und erst nach bürokratischen Auseinandersetzungen genehmigte das Ministerium „sechs Kilometer Fahrgeschwindigkeit innerhalb und zwölf Kilometer außerhalb der Stadt".

Da lud der Erfinder die Herren zu einer Probefahrt nach Mannheim ein, erhielt deren Zusage und ließ sie am Bahnhof abholen. Dem Fahrmeister Tum gab er strenge Anweisung, das behördlich genehmigte Tempo nicht zu überschreiten.

Die Herren hatten ihre Freude an dem behaglich-langsamen Dahinfahren des pferdelosen Wagens, doch „bald erschien die Tumsche Fahrtgeschwindigkeit doch etwas langweilig. Und als gar ein Milchfuhrmann mit seinem abgerackerten Gaul Miene machte, den Kraftwagen zu überholen, rief einer der Ministerialräte dem guten Tum zu: ,He, Sie! Können Sie denn nicht schneller fahren?' – ,Können tu ich's schon', sagte der Mann am Steuer, ,aber ich darf nicht, es ist polizeilich verboten.' – ,Ei, was, fahren Sie mal zu, sonst fährt uns ja die Milchkutsche vorbei!'"

Damit wurde der Bann gebrochen . . .[6]

## „Dem Chef die Ruhe nehmen"

„Vollständiger Ersatz für Wagen mit Pferden! Erspart den Kutscher, die teure Ausstattung, Wartung und Unterhalt der Pferde!" So hatte es in einem Flugblatt aus dem Jahr 1888 gelautet, mit dem KARL BENZ für seinen Patent-Motorwagen warb. Leiter der Verkaufsabteilung war Julius Ganß, der als hervorragend rühriger Organisator bereits gegen Ende des Jahrhunderts an die zwanzig Benz-Vertretungen in der ganzen Welt bis hinüber nach Südamerika und in Südafrika eingerichtet hatte. Sein Tempo ging Karl Benz allerdings gelegentlich recht unsanft auf die Nerven.

„Eines Morgens in aller Früh", so berichtet August Horch, später selbständiger Konstrukteur des weltberühmten Modells, aus dieser Zeit seiner Mitarbeit in der jungen Benz-Firma, „kommt der Herr Julius Ganß hereinspaziert und sagt in seiner hastigen, die Worte überstürzenden Art: ,Guten Morgen, ich habe 200 Wagen verkauft.' Papa Benz runzelte die Stirn, tat, als ob Herr Ganß überhaupt nicht da sei, sah zu mir herüber und fragte: ,Was hat der Herr Ganß gesagt?'

Ich erwiderte: ,Wenn ich mich nicht verhört habe, hat er Guten Morgen gesagt, und er hätte 200 Wagen verkauft.'

Jetzt stand Herr Benz auf, ging um seinen Schreibtisch herum auf Herrn Ganß zu, baute sich vor ihm auf und fragte streng: ,Sie hawwe 200 Wagen verkauft?'

,Ja, das habe ich.' – ,An wen?' – ,Paris.' – ,Wo wolle Sie denn die 200 Wage baue?' – ,Hier in Mannheim.'"

Am Ende der anschließenden erregten Debatte stand der Entschluß, die Fabrik sofort zu vergrößern.

„Es mochten etwa 14 Tage vergangen sein", so erinnert sich Horch weiter, „da geht eines Morgens in aller Früh die Tür im Büro von Papa Benz auf, der Herr Julius Ganß kommt hereinspaziert und sagt: ,Guten Morgen, 200 Wagen verkauft.'

Diesmal sprang Papa Benz empört hinter seinem Schreibtisch auf und rief: ,Höre Sie mal, Herr Ganß, Sie könne einem awer doch die Ruh nehme!'

Herr Ganß hatte aber keinen Scherz gemacht. Er hatte wieder 200 Wagen verkauft, und diesmal nach England. Jetzt wurden die Pläne zur Erweiterung der Fabrik im Höllentempo fertiggestellt und sofort mit dem Neubau begonnen. Nach kurzer Zeit entstanden Gebäude, in denen 200 bis 300 Angestellte arbeiten konnten."[6]

## Nur ein Groschen

„Telephone, Haustelegraphen. Fachmännische Prüfung und Anlegung von Blitzableitern. Anlegung und Reparatur elektrischer Apparate, sowie aller Arbeiten der Feinmechanik", so warb die Anzeige des 25jährigen Elektrikers, der – es war im Jahr 1886 – in einem Stuttgarter Hinterhaus eine „Werkstätte für Feinmechanik und Elektrotechnik" errichtet hatte. Das war die Grundlage für den Ausbau eines Unternehmens von Weltruf. ROBERT BOSCH entwickelte in seinem Werk die Hochspannungs-Magnet-Zündung, die – als Ausrüstung für Verbrennungsmotoren – für die Entwicklung des modernen Kraftfahrwesens von entscheidender Bedeutung werden sollte. Diese Bosch-Zündung kam 1902 auf den technischen Markt und führte das Werk zu unerhörtem Aufschwung.

Der Unternehmer selber, echter Sohn seiner Heimat, vereinigte in sich alle guten schwäbischen Eigenschaften, auch beispielsweise die der Sparsamkeit. Beim Rundgang durch das Fabrikgelände bückte er sich einst, um ein Geldstück vom Boden aufzuheben. Sein Begleiter kam ihm nicht schnell genug zuvor und äußerte ein abschwächendes Wort über den Wert der Bemühung.

„Nur ein Groschen?!" schnaubte Bosch entrüstet. „So geht ihr nun mit meinem Betriebskapital um! Das sind die Dreijahreszinsen von einer Mark!"

## Laboratoriumshände

In der Geschichte Heidelbergs – heute als Zentrum des Rauschgifthandels im studentischen Untergrund neuer Burschenherrlichkeit in High-delberg umgetauft – leben die Namen überragender Persönlichkeiten fort, die den Ruhm der einst ehrwürdigen Universität entscheidend gefördert haben: ROBERT BUNSEN, der Erfinder des bekannten Gasbrenners und des nach ihm benannten galvanischen Elements, wie sein Physikerkollege Gustav Kirchhoff, der mit Bunsen gemeinsam die Spektralanalyse begründete, jene Methode, die das stoffliche Wesen der Körper und damit auch der fernsten Sterne erkennen läßt.

Bunsen war einer jener seltsamen Gelehrten, hinter deren hochbedeutender Leistung eine bescheidene, rein ihrer Aufgabe hingegebene und um gesellschaftliche Geltung unbesorgte Natur verborgen liegt. Konventionellen Anforderungen entzog er sich nach Möglichkeit, und gern versteckte er sich dabei auch hinter einer Unbeholfenheit, die wohl gespielt war; auch ein bißchen Taubheit und ein bißchen Sich-dumm-stellen benutzte er zur Abschirmung gegen die Außenwelt.

Die „Bunseniana" wußten eine Fülle von Schrulligem und Sonderlichem dieses eigenwilligen Großen aus der Lebenswelt der Chemie zu berichten, Legendäres beispielsweise über seine „feuerfesten Laboratoriumshände". Während er diese harten Hände vor Damen gern versteckte, pflegte er sie bei seinen Laborübungen dagegen mit umso größerem Stolz zu demonstrieren. Den Studenten sollen oft die Haare zu Berge gestanden haben, wenn er seinen Zeigefinger in die nach ihm benannte nichtleuchtende, aber desto heißere Flamme steckte. „Dann ließ er sie einige Sekunden darin", heißt es, „bis sich ein merklicher Geruch von verbranntem Horn im Laboratorium verbreitete, und bemerkte ruhig dazu: „Sehen Sie, meine Herren: An dieser Stelle hat die Flamme zweitausend Grad!"[7]

## *Verfehlte Alternative*

Heidelberg und seine Professoren, das ist ein besonderes Kapitel, aus der sog. guten alten Zeit, als die Universitätsstadt, mit der Ausstrahlung ihres romantischen Idylls, „die feine Stadt, an Ehren reich, an Weisheit schwer und Wein", mit ihrer „Burg voll Narben, die von vergangener Zeit trauert", in Scheffelscher Weinseligkeit noch zu Recht „Zauberin am Neckarstrand" genannt werden konnte.

Aus jener Zeit, die weitab entfernt war, den numerus clausus zu kennen, lehrte dort Professor DEGEN, der dafür bekannt war, es mit seinen Kolleggeldern nicht so genau zu nehmen. Die Studenten, unter ihnen zahlreiche Schwarzhörer, lohnten seine Großzügigkeit, daß sie sich nicht scheuten, seine Vorlesung ständig mit Zurufen und Einwänden zu unterbrechen.

Als es dem gutmütigen Universitätspädagogen einst das gebotene Maß von Nachsicht zu überschreiten schien, wurde Professor Degen – mit einem hübschen Schuß Eigenironie – ungewohnt energisch: „Meine Herren", rief er aus, „wenn Sie nicht ruhig sind, nehme ich meinen einzigen rechtmäßigen Hörer, den

Studiosus Findel, und gehe mit ihm in einen anderen Hörsaal!"
Schallende Heiterkeit unter den Zuhörern quittierte diese Androhung, denn der „einzige rechtmäßige Hörer" war gar nicht erschienen, er saß in der Kneipe.⁷

## *Bock und Geiß*

Im Schwäbischen ist noch heute die Erinnerung an das Wirken des Oberamtsrichters WILHELM ADAM DODEL lebendig. Er war ein echtes Original heimatlicher Prägung und wurde mit seinen volkstümlichen Gerichtsurteilen fast zur Legende; gestorben ist er 1935.

So hatte Dodel in seinem Amtsgericht Blaubeuren einst in einem komplizierten Rechtsfall über die Klage einer Häfnerin wegen Schadenersatzes für Sachbeschädigung zu entscheiden. Da waren sich auf dem Wochenmarkt ein Ziegenbock und eine Geiß begegnet, hatten sich vor lauter Begier aus der Hand bzw. dem Haltestrick ihrer Leitpersonen – der Ziegenbock von einem Bauern, die Ziege von einer Bäuerin – losgerissen und sich in diesem animalischen Trieb vereinigt – und das ausgerechnet in dem höchst bruchanfälligen Verkaufsstand der Klägerin. Ihre kunstvoll aufgebauten tönernen Ausstellungsstücke – Tassen und Krüge, Teller und Suppenschüsseln, Milchhäfen und Töpfe – waren großenteils zu Bruch gegangen, weil eins das andere vom Gestell herab nach sich zog.

Der Richter überblickte den Tatbestand souverän und erkannte für Recht: „Die beklagte Bäuerin, als Ziegenhalterin verantwortlich, hat das zerbrochene Geschirr schadenersatzpflichtig zu 4 Teilen und der beklagte Bauer, für den Ziegenbock verantwortlich, zu zwei Teilen zu erstatten; in gleichem Maßverhältnis haben die beiden Beklagten die Kosten des Rechtsstreits zu tragen."

Tatbestand und Entscheidungsgründe legte der Richter sogleich mündlich und damit in seiner volksnahen Sprachform dar: „Dia Goiß ischd mit via Füß in deme G'schirr drenn gschande ond dr Bock bloß mit zwoi."⁸

## *Romantisches Wiederfinden*

Es war im Jahre 1812, als Kerner sich mit der Herausgabe einer Sammlung deutscher Gedichte befaßte. Neben den Einsendungen von Uhland, Fouqué und anderen erhielt er zu diesem geplanten „Deutschen Dichterwald" auch ein Gedicht, das ihm besonders gefiel und zur Veröffentlichung geeignet erschien. Es war betitelt „In einem kühlen Grunde, da geht ein Mühlenrad" und trug die Unterschrift „Florens"; die Angabe des Absenders aber nannte den wahren Verfasser: stud jur. JOSEPH VON EICHENDORFF.

Kerner berichtet selbst, wie er das Gedicht mit Freuden gelesen und dann neben dem offenen Fenster auf den Schreibtisch niedergelegt habe. Plötzlich erhob sich ein „vorüberfahrender Windstoß, sog das Papier aus dem Fenster" und trug es hoch über Bäume und Häuser davon. Vergeblich durchsuchte der Dichter mit Hilfe eines „scharf sehenden Jägers" die nähere Umgebung; das Manuskript war nicht mehr aufzufinden.

Kerner war untröstlich über den Verlust des ihm zu treuen Händen überlieferten Liedes und schickte sich am folgenden Tage gerade an, einen Entschuldigungsbrief an Eichendorff zu schreiben, als ein Tiroler Händler an der Haustür seine Ware feilbot. Der Dichter, der selbst öffnete, wollte den Hausierer abweisen, als er plötzlich einen Freudenschrei ausstieß: In der Ekke des Korbes entdeckte er das Gedichtmanuskript, in das der Mann ein Armband eingewickelt hatte. Er hatte es, so erzählte er auf Befragen, in einem Flachsfeld weit von Weinsberg entfernt gefunden. Der Dichter war über die „romantische Rückkehr" des verlorenen Blattes hoch erfreut und belohnte den glücklichen Finder königlich. Das Gedicht aber wurde in die Sammlung aufgenommen und wurde bald darauf; 27mal komponiert, eines der beliebtesten deutschen Volkslieder.[9]

## *Klare Scheidung*

Unter den Karlsruher Professoren der Technischen Hochschule vertrat seit Ende des Zweiten Weltkrieges EGON EIERMANN das Fach Hochbau, einer der führenden Architekten Deutschlands, dessen klare, straffe Strukturformen als richtungsweisend galten.

Die Forderung der Studentengeneration in den 60er Jahren —
er starb bereits 1970 — widersprechen in ihrer utopischen Zielsetzung eindeutig seiner Wesenshaltung und brachten ihn bald
in kompromißlose Konfrontation. Unnachgiebig und bekenntnishaft erklärte der Universitätspädagoge damals: „Die jungen
Leute wollen in eine Richtung laufen, wohin ich ihnen weder
vorangehen kann noch folgen möchte; und vielleicht ist es richtig, eher zum alten Eisen zu gehören als zum neuen Blech."[3]

## *Ernstzunehmen: Knödel und Kinder*

Der Nobelpreisträger ALBERT EINSTEIN, geboren in Ulm,
der als Schöpfer der umwälzenden Relativitätstheorie das moderne Weltbild gestalten half, hing auch nach seiner Emigration
an der deutschen Heimat und hatte für sein Wohlbefinden die
gute deutsche Küche in die neue USA-Heimat mitgenommen.
Der Gelehrte von Weltruf, auf dessen geringste Äußerungen die
Welt lauschte, konnte tiefgreifende Probleme beiseiteschieben,
wenn ihm eines seiner Lieblingsgerichte, beispielsweise Eisbein
mit Sauerkraut und Erbsenpüree, vorgesetzt wurde; die Leckereien der Feinschmecker galten ihm nichts gegenüber heimatlichem Sauerbraten mit Kartoffelknödeln.

Einst war ein ausländischer Mathematikprofessor bei Einstein
zu Gast und eben in der Diskussion, als ein kleines Mädchen ins
Zimmer trat. Der Besucher blickte nicht wenig erstaunt, als sich
Einstein mitten im Satz unterbrach und nach dem mitgebrachten
Schulheft der Kleinen griff: „Entschuldigen Sie einen Moment,
ich muß meiner kleinen Freundin mal eben bei den Hausaufgaben helfen!" Und damit erklärte er dem Nachbarkind, das sich
so unbefangen an ihn wenden durfte, die Schularbeiten.

## *Zwei Fackelzüge*

Anfang der 50er Jahre erlebte Tübingen eine Feier, die für die
Tradition der ehrwürdigen Alma Mater Tubingensis kennzeichnend war. Die Studentenschaft zeichnete mit der höchsten ihr
zustehenden Ehrung, einem Fackelzug, eine Persönlichkeit aus,

die – auch ohne Maturum – echt zum akademischen Leben der Universitätsstadt gehörte: TANTE EMILIE, Wirtin der „Farb", 77jährig.

Die cives academici waren sich damals – anders als eineinhalb Jahrzehnte später zur Zeit der unruhigen APO-Generation – eindeutig einig in diesem Vorhaben, die Studentenwirtin von legendärem Ruf zu ehren. Bevor auf dem Marktplatz die Fackeln zusammengeworfen wurden, hielt Professor Theodor Haering, berühmt als Alt-Tübinger durch seinen Roman „Der Mond braust durch das Neckartal", eine zündende Rede, und Professor Thielicke, hochangesehener Theologe und derzeitiger rector magnificus, erklärte die alte Dame, die sich in beengenden Kriegs- und Nachkriegsjahren als echte Studentenmutter bewährt hatte, unter dem Jubel der Anwesenden zur Miss Tübingen.

In der Festschrift für Tante Emilie, die dann zu ihrem Achtzigsten herauskam und an der sich Professoren von Ruf wie Eduard Spranger beteiligten, bietet Helmut Thielicke einen Vergleich mit einem Fackelzug, der bald darauf durch die Straßen Neckartübingens zog. Das war nach der Volksabstimmung vom 6. 12. 1951, durch die die Vereinigung des Südweststaates Baden-Württemberg beschlossen wurde. Thielicke, durch eineinhalb Jahrzehnte Lehrtätigkeit in Heidelberg bzw. Tübingen mit beiden Ländle verbunden, sah „die wackere Regierung auf dem Balkon des Rathauses zum Abschied versammelt: Der Staatspräsident und alle seine Minister. Sie sahen der feurigen Schlange entgegen, die sich dem Marktplatz näherte, und atmeten tief, um ihre Reden zu halten."

Auf dem Heimweg blickte Thielicke dann noch auf einen Sprung bei der Tante Emilie ein, wo das staatspolitische Ereignis gefeiert wurde. „Nun, Tante Emilie, wie hat Ihnen denn der Fackelzug gefallen?" fragte der Besucher.

„Meiner war länger!" war die Antwort der selbstbewußten Dame.[10]

## *In der Zange*

Beim Übergang von der Monarchie in die Weimarer Republik nahm Baden mit zwei bedeutenden Freiburgern, KONSTANTIN FEHRENBACH und Joseph Wirth, nachhaltigen Einfluß auf die neue politische Entwicklung. Fehrenbach, geboren in Wellendingen und als Anwalt in Freiburg tätig, vertrat bereits 32jährig die Zentrumspartei als Abgeordneter im Landtag und war Anfang des Jahrhunderts dessen Präsident, ebenso Mitglied des deutschen Reichstags und noch zu Kaisers Zeiten dessen Präsident, ein Jahr darauf, 1919, Präsident der Weimarer Nationalversammlung und wiederum ein Jahr darauf Reichskanzler. Nicht verwunderlich, daß solche Steilkurve im politischen Werdegang ihm den Beinamen Konstantin der Große eintrug.

Nicht einhellig war man mit der Linienführung seines politischen Auftrags einverstanden; manche wünschten mehr eindeutiges Durchgreifen und weniger Kompromißbereitschaft bei seinen Verhandlungen. So hatte er in den Auseinandersetzungen um den Reformkatholizismus wenig überzeugende Konsequenz gezeigt und mußte sich einst Vorhaltungen machen lassen. ,,Was willsch mache", versetzte der einst für den theologischen Beruf vorgesehene Schwarzwälder, ,,wenn d' zwische zwei Bischöf sitzsch?"[1]

## *Im Schatten des Vaters*

Der Sohn Johann Gottlieb Fichtes war Professor an der Universität Tübingen und entwickelte als Gegner Hegels einen spekulativen Theismus. Von der glühenden Beredsamkeit seines Vaters, der mit seinen ,,Reden an die deutsche Nation" einst echten Anteil an den Befreiungskriegen hatte, war offenbar wenig auf FICHTE junior übergegangen. Seine philosophischen Vorlesungen sollen so knochendürr unlebendig gewesen sein, daß die Studenten auf ihn zynisch das Schiller-Wort aus der ,,Glocke" anwandten:

Nehmet Holz vom Fichtenstamme,
doch recht trocken laßt es sein!

## *Eigeneinschätzung*

Eine Leuchte an Heidelbergs Universität im vorigen Jahrhundert war dreieinhalb Jahrzehnte lang der Professor KUNO FISCHER, bedeutender Philosoph, der in der Auseinandersetzung mit Hegel und Kant zum Mitbegründer des Neukantianismus wurde.

Fischer besaß ein gesichertes Selbstbewußtsein, und nur aus solcher Eigeneinschätzung ließ sich wohl sein Ausspruch deuten: „Genau genommen gibt es in ganz Deutschland überhaupt nur zwei bedeutende Philosophen – der andere ist Windelband in Freiburg!"

Wobei noch hinzufügen ist, daß der hochbedeutende Windelband aus Kuno Fischers Schule hervorgegangen ist.[7]


## *Erprobter Nachweis*

Als Mitglied des schwäbischen Dichterkreises war Justinus Kerner, geboren in Ludwigsburg, durch seine volksliedhaften Dichtungen weithin beliebt. Er war voll urwüchsiger Lebenskraft und Liebenswürdigkeit, in seinem ärztlichen Beruf ein unermüdlich hilfreicher Menschenfreund. Viele seiner Lieder mit ihrer wehmütigen Weisheit und ihrer ursprünglichen, heiteren Laune sind Lieblinge des ganzen Volkes geworden.

Überhaupt war das Kernerhaus in Weinsberg am Fuße der Weibertreu als gastliches Asyl für wandernde Schriftsteller jeglicher Art bekannt, und mancher junge Dichter, der des Weges zog, fand hier gastfreie Aufnahme. Mit der Zeit jedoch, so berichtet Kerners Sohn, wurde diese Gastfreundschaft zusehr ausgenutzt, und der Dichter, der infolge zunehmender Erblindung im Jahre 1851 sein Amt niederlegen mußte, suchte sich etwas vom Verkehr zurückzuziehen. Als daher eines Tages ein Wanderer des Weges kam und sich als FERDINAND FREILIGRATH vorstellte, begegnete Kerner ihm mit zurückhaltendem Mißtrauen und beschloß, ihn auf die Probe zu stellen. Der gute schwäbische Landwein wurde aus dem Keller geholt und dem Gast vorgesetzt mit der Weisung, einen treffenden Reim zu sagen. Freiligrath tat guten Bescheid und sagte unverzüglich einen scherzhaften Vers. Auch beim zweiten Umtrunk hielt er stand, und mit der Zahl der Flaschen wuchs sein Durst und die Treffsicherheit seiner Verse. „Unsere Bedenken gegen die Identität Freiligraths", so schließt Theobald Kerner, „waren nun völlig beseitigt, und der Dichter blieb etwa acht Tage als Gast in unserem Hause."[9]

## *Doppelt dekoriert*

Als sich in den 1870er Jahren Jacob Burckhardt zu privatem Besuch in Karlsruhe aufhielt, erfuhr GROSSHERZOG FRIEDRICH von dieser Anwesenheit des bedeutenden Kunsthistorikers, ,,dessen Name jahrzehntelang als hellster Stern am Himmel der Alma mater Basiliensis geleuchtet hat", und äußerte den Wunsch, ihn persönlich kennenzulernen. So erhielt der Gelehrte eine Einladung aufs Schloß.

Als freier Schweizer nicht vertraut im Umgang mit Fürstlichkeiten, ließ sich der Professor von Einheimischen beraten. Begreiflicherweise hatte er im Reisegepäck nicht den Frack, der zu solcher Audienz, wie er erfuhr, erforderlich sei, doch der Freund half ihm aus dieser Verlegenheit und erklärte sich bereit, ihm seinen eigenen zu leihen. Der Baseler Professor fügte sich in die höfischen Formen, zog den fremden Frack an und übersah dabei, daß im Knopfloch das Band des Zähringer Löwenordens angebracht war; man hatte vergessen, es zu entfernen.

Im Schloß wurde der prominente Gelehrte natürlich höchst ehrenvoll aufgenommen, bald saß er mit dem kunstinteressierten Großherzog in dessen Privatgemächern beim Wein und nahm den fürstlichen Dank für die vielfache Belehrung entgegen, die Friedrich aus den Werken des Begründers der systematischen Kunstwissenschaft geschöpft habe.

,,Diesen Dank", schloß der Großherzog und wies auf Burckhardts Rockaufschlag, ,,habe ich Ihnen ja auch bereits bekundet."

Ebenso verwundert wie verständnislos blickte der Professor den Fürsten an. ,,Nun, durch die Verleihung des Zähringer Löwenordens!" lächelte dieser. Jetzt erst bemerkte der etwas zerstreute Gelehrte die fremde Dekoration am Revers und gab unbefangen zurück: ,,Den Frack habe ich mir − inklusive − gepompt."

Als Burckhardt das Schloß verließ, trug er einen − für ihn persönlich bestimmten − großherzoglichen Orden in der Rocktasche.

## Fürs Vaterland

Wie für die Elsässer das geschichtliche Hin und Her des Nationalitätenwechsels zum persönlichen Schicksal wurde, so traf es bei den vielseitigen Austauschbeziehungen unter den „alemannischen Vettern" auch manchen diesseits des Rheins. Großherzog FRIEDRICH I., der lange vor dem 70er Krieg bis kurz vor dem Ersten Weltkrieg über Baden regierte, hatte eine solche – trotzdem überraschende – Begegnung, als Ende der 80er Jahre mit dem „Wiesentäler" das Verkehrsnetz abgeschlossen wurde.

In Todtnau waren die Honoratioren angetreten, Kriegsteilnehmer natürlich im Schmuck ihrer Auszeichnungen. Der Landesherr schritt die Front ab und reichte einem der Veteranen – es war der Obermeister Nemett, aus dem Elsaß stammend – die Hand. „Wo habt Ihr denn gefochten, Kamerad", fragte er und deutete auf die Ordensbrust.

Die Antwort kam kurz und präzis: „Uff d' ännere Sitte, Königliche Hoheit."[1]


## Gastfrei – ohnehin kein Verlust

Während dieser Zeit der Monarchie herrschte durchweg ein gemütliches Verhältnis zwischen Herrscherhaus und badischem Volk. Einst betrat Großherzog FRIEDRICH, der mit geringem Gefolge den riesigen Wald durchquerte, einen einsam gelegenen Bauernhof, um sich ein Glas Milch geben zu lassen. Gastfrei wurde ihm die Bitte erfüllt, weit über den Bedarf hinaus, und als er schließlich dankend ablehnte, meinte die Frau gemütlich: „Drinket Se numme, Herr Großherzog, d' Sau verkummt's [bekommt es] doch!"


## Naturalisierte Preußen

Mitte des vorigen Jahrhunderts war es, als der Preußenkönig FRIEDRICH WILHELM IV. das Stammland seiner Herkunft, das mitten in Württemberg gelegene Hohenzollern-Sigmaringen, käuflich erwarb und damit Landesherr echter Schwaben wurde. Zur Übernahme der Exklave, die nun zu einem preußischen Regierungsbezirk wurde, erschien eine königlich-preußische Immediatskommission, die sich zur Inspektion durch das neuerworbene Ländle kutschieren ließ.

„Sind Sie denn nun erfreut, unter preußische Oberherrschaft gekommen zu sein?" wandte sich einer der Herren aus Norddeutschland leutselig an den Kutscher.

Der Einheimische, als Sigmaringer selbst betroffen, nickte etwas gequält Zustimmung: „Sell scho", versetzte er, „awer" — und damit wies er mit der Peitsche auf das Donaustädtchen Riedlingen, das unmittelbar jenseits der neuen Grenzziehung lag und damit württembergisch geblieben war — „dene Malefiz-Riedlenga hätt mr's aa gonnt!"

Weisungsgemäß hatten die Pfarrer damals einen Dankgottesdienst zu halten und den neuen Zustand von der Kanzel herab mit einzuflechten, zugleich auch, um die Einheimischen für die preußische Herrschaft günstig zu stimmen. So konnte man dort in einer Predigt vernehmen: „Zum ersten wollen wir dem Himmel für diese Wendung von Herzen Dank für den weisen Ratschlag sagen, zum andern aber wollen wir in uns gehen und bekennen, daß wir es in Ansehung all unserer Sünden auch nicht besser verdient haben."

## Geschäftssinn

Der Preußenkönig FRIEDRICH WILHELM IV. plante einen Besuch auf dem Hohenzollern und sollte — es war Ende der 1840er Jahre — mit der Extrapost von Tübingen abgeholt werden. Natürlich wurde das im Städtchen bekannt, und der etwas publikumsscheue Monarch dachte unwillkommenen Gaffern durch eine List zu entgehen: Er ließ seinen Besuch absagen und den Postillon abbestellen. Dieser erhielt anschließend jedoch als neuen Auftrag, einen Reisenden am Bahnhof abzuholen. Ziemlich ungehalten darüber, daß ihm ein königliches Trinkgeld entgangen sei, ließ er den neuen Gast einsteigen. Friedrich Wilhelm, in seinem Wesen volkstümlich, kam mit dem Fahrer ins Gespräch und amüsierte sich köstlich, als er den Grund seines Unwillens erfuhr.

Beim Eintreffen auf dem Hohenzollern wurde der Mann entlohnt und erhielt von dem incognito reisenden Herrn obendrein

ein Goldstück als Trinkgeld. Ungläubig betrachtete der Postillon die reiche Draufgabe, durch die sein Unwillen so völlig beseitigt wurde: „Nu kaa me dr König vo Preuße am Arsche lekke!"

## *Heimatidiom*

Der Stuttgarter Theologe KARL GEROK, Oberkonsistorialrat und Oberhofprediger, war äußerst vielseitig in seiner Betätigung und stand weit über seine Heimat hinaus in volkstümlichem Ansehen mit seiner religiösen Lyrik. Seine „Palmblätter" mit ihren eleganten Versen und der musikalischen Sprache entsprachen dem Zeitgeist und fanden so weithin Anklang, daß eine zeitgenössische Rätselfrage nach dem Unterschied zwischen einem Neger aus Zentralafrika und einer jungen Dame allgemeines Verständnis fand: Ein Neger trägt einen Gehrock von Palmblättern, die junge Dame die „Palmblätter" von Gerok.

Als Gerok einst auf Einladung Kaiser Wilhelms I. im Berliner Dom predigte, war er als Schwabe verständlicherweise bestrebt, „nach der Schrift" zu sprechen. Nach dem Gottesdienst durfte er als Gast des Kaisers dessen Lob hören. „Ganz besonders war ich davon angetan", fügte der Monarch hinzu, „daß Sie so schön geschwäbelt haben."

## *Wer von beiden?*

Seine Vorliebe für den Schwarzen Erdteil, die ihm schon in der Jugend geworden war, und seine kenntnisreiche Neigung zu afrikanischen Problemen, die ihn zum Bundestagsexperten für Afrikafragen werden ließen, hat EUGEN GERSTENMAIER durch zahlreiche Reisen vertieft. War der Bundestagspräsident in Bonn nicht anzutreffen, so vermutete man ihn – vielfach nicht zu Unrecht – in dem Land seiner Neigung, und zwar auf Großwildjagd.

Als Adenauer ihn einst auf einem Empfang – mit der entsprechenden Vermutung über den Grund seiner Abwesenheit – vermißte, knüpfte er daran seine Betrachtungen an: „Der Botschafter von Tschad, der mich neulich besuchte, hat mir erzählt, datse bei ihm daheim noch eine spezielle Art der Löwenjagd haben. Beide können dabei auf der Strecke bleiben, der Löwe oder der Jäger. Dat sollte der Herr Gerstenmaier auch mal machen."

In der sektbeflügelten Stimmung wandte sich daraufhin ein Journalist an ihn: ,,Herr Bundeskanzler, wer sollte denn auf der Strecke bleiben, der Löwe oder Dr. Gerstenmaier?"

Darauf Adenauer mit seinem hintergründigen Fuchslächeln: ,,Der Löwe natürlich. Oder, wenn ich mich präzis ausdrücken soll: einer der beiden Löwen."

## *Bescheidene Einschränkung des Turners*

Den Zuschauern stockte der Atem, als − es war Anfang der 80er Jahre in Rom − EBERHARD GIENGER aus Künzelsau seine Übung am Hochreck absolvierte: einarmige Riesenfelge und noch einmal, ,,Gienger"-Salto in unübertrefflicher Vollendung. Als der Württemberger als Abgang nach einer Doppelschraube mit Doppelsalto dann wie eine Eins auf der Matte stand und nach höflicher Verbeugung vor den Kampfrichtern abtrat, hallte der Palazzo dello Sport in Rom von frenetischem Beifalls-Stakkato der über 5000 Besucher wider: ,,Gingeer! Gingeer!" Deutsche Fans hatten ein Spruchband entfaltet: ,,Künzelsau grüßt seinen Ebse Gienger!!" und brüllten: ,,Super, Eberhard!" Die Bewertung der Kampfrichter ergab im Gerätefinale die Traumnote 9.90 Punkte.

Die Begeisterung für den alten und neuen Europameister war überwältigend, aber am eindrucksvollsten die der unterlegenen Mitbewerber aus Ungarn und Sowjetrußland.

Der Siebenundzwanzigjährige blieb gelassen, auch unter den Bruderküssen des favorisierten russischen Meisterturners. ,,Mein Gott", sagte er, ,,übermorgen habe ich daheim in Tübingen zu tun. Ich muß also unbedingt noch am Montag trainieren." So war die Siegesfeier nur kurz und wenig kräftezehrend: Als Frau Sibylle ihm eine Flasche Mosel reichte, setzte er sie unmittelbar an: ,,Immerhin", schränkte er die überströmenden Glückwünsche bescheiden ein, ,,habe ich nicht nur Gold am Reck gewonnen, sondern auch Bronze am Barren . . ."[11]

## *Mit dem Ruhm des andern nicht einverstanden*

In den 20er Jahren wurde vielen Studenten an der Universität Heidelberg die Persönlichkeit FRIEDRICH GUNDOLFs bestimmend für die Wahl dieses Studienorts. In ihrer bestechenden Gestaltung wurden die literarhistorischen Vorlesungen des Professors zum Ereignis weit über den Rahmen der Fakultät hinaus. Als Angehöriger des esoterischen George-Kreises war Gundolf auch Mitarbeiter an Stefan Georges ,,Blättern für die Kunst". Recht selbstbewußt von seiner Wirkung überzeugt, kennzeichnete er sich einst selbst: ,,Wo ich hinformuliere, da wächst kein Gras mehr!"

Unter seinen Studenten war Gundolf einer als Neffe Börries von Münchhausens aufgefallen, auffällig auch durch seinen ritterlichen Vornamen Thankomar. Gundolf schätzte Münchhausens Balladen aus der mittelalterlichen Ritterwelt nicht sonderlich, die damals höchst beliebt waren. Eines Tages nun beobachtete er diesen Studenten vor einer Vitrine, in der Dichtungen seines berühmten Onkels ausgestellt waren. Gundolf tippte dem ganz in Bewunderung Versunkenen freundschaftlich auf die Schulter und improvisierte schüttelreimend:
,,Hier stellt dem jungen Thankomar
sich seines Onkels Manko dar."

## *Kammerdienerperspektive*

Verständlicherweise gingen in Universitätsstädten von den geistig Tätigen Einflüsse auf ihre Umwelt über, so wie beispielsweise Tübinger Gogen in ihre Rede gern Bildungsbrocken einfügten, die sie von ihren studentischen Mietern übernommen hatten. Auch Hausangestellte übertrugen gern den Bildungsanspruch ihrer ,,Herrschaft" auf ihre eigene Denkweise.

In Heidelberg weiß man von einer Dame zu berichten, Ehefrau eines Müllwagenfahrers, die stolz darauf war, in ihrer Jugendblüte bei dem hoch angesehenen Professor GUNDOLF in Dienst gewesen zu sein. Nicht ohne Selbstbewußtsein betrachtete sie sich als Insider dieses Lebenszuschnitts und gab deshalb nur in vertrautestem Kreise Interna preis. So hatte sie einst zum

„Kunschdhischdoriker" Grisebach ein Buch zurückbringen müssen, das „ihr" Professor sich ausgeliehen hatte. „Un was glaawe Se", so dekuvriert die bildungsbewußte Frau das menschlich Gemeinsame ihrer eigenen Position mit dem Hochgeistigen: „was dees for e' Büchle war? Es war e' Griminalroman!"[12]

## *Medienbewußt*

Im Tübingen des Dritten Reichs gab es Ende November des Jahres 1934 eine politische Sensation, als THEODOR HAERING, Professor der Philosophie, bei einem Heimatabend der Professoren und Weingärtner, veranstaltet von der NS-Gemeinschaft „Kraft durch Freude", eine „Rede auf Alt-Tübingen" hielt. Hier verstand ein kluger Kopf den damaligen Machthabern die Meinung zu sagen, nicht direkt, was damals nicht anging, sondern in der großen Kunst ridendo dicere verum: mit Lächeln die Wahrheit auszusprechen. Haerings Rede erlebte über 100 Auflagen und brachte „mit ihren Untertönen" weit über Tübingens Grenzen hinaus die Leser zu befreiendem Schmunzeln, so mit der Geschichte vom Frieder, der unter dem neuen Zeitgeist „umgezogen" – „En Möbelwaga han i gor koin braucht, ond a Geld hat mi's au et kooscht!" – sei. Die allen vertraute Neue Straße hatte nämlich – mit nur geringer Zustimmung – einen anderen Namen bekommen: Sie war – nach dem Gauleiter – in Wilhelm-Murr-Straße umbenannt worden. Diesem hohen NS-Funktionär hatte Württembergs höchster Kirchenfürst, der protestantische Landesbischof Theophil Wurm, mannhaft entgegenzutreten gewagt und damit die Eigenständigkeit der Kirche betont. Sogleich griff damals der Volkswitz die Spannung dieser Kontroverse auf: „Es wurmt den Murr, daß der Wurm murrt." In lächelnder Sebstironie berichtet Theodor Haering in seinem Heimatroman „Der Mond braust durch das Neckartal" von einer Begegnung mit dem stadtbekannten Original einer ewig munteren Zeitungsverkäuferin, die über vier Jahrzehnte lang in anstrengendem Tage- und Nachtwerk durch die Gaststätten zog, um das Neueste an Nachrichten anzubieten. Dabei geschah es einst, daß Emma Fischer, so hieß die Frau, mit ihrem Zeitungskärrele, „dem ältesten Kinderwagen der Stadt", auf dem dichtbevölkerten Gehsteig den Professor fast zu Boden gestoßen hätte. Milde ermahnte er sie: ,,Aber Fräulein Fischer, wenn Sie mich jetzt z' Tod gfahre hätte!"

Darauf Emma, ganz überwältigt von solchem Aspekt: ,,Jesses, Herr Professor – hätt des an Extrablatt gebe!"[13]

## *Kein Kommentar*

Zum allgemeinen Sprachgebrauch als Ausdruck ablehnender Verneinung gehört die Redewendung: ,,Mein Name ist Hase . . ." Er hat nichts mit dem jagdbaren Vierbeiner zu tun, sondern bezieht sich auf einen Heidelberger Studenten VIKTOR HASE, der dort in der Zeit der Demagogenverfolgungen im vorigen Jahrhundert vor das Universitätsgericht gestellt wurde. Er war unmittelbar in eine Duellangelegenheit verwickelt, indem er einem der Duellanten für dessen Flucht seinen Paß überlassen hatte. Der Student wurde gefaßt, ebenso daraufhin Hase, doch trotz aller Bemühungen der vernehmenden Beamten war aus ihm nichts herauszubekommen.

Standhaft lehnte er es ab, seinen Freund zu verraten, ging auf keine der Einzelfragen ein und beschränkte sich auf die Erklärung: ,,Mein Name ist Hase. Ich verneine die Generalfragen. Ich weiß von nichts."

## *Ministerielle Ressortförderung*

Als Bundesminister fand VOLKER HAUFF Gelegenheit, sich mit wirkungsvoller Eigen-PR für eine Belebung seines Ressorts, des Verkehrsministeriums einzusetzen. Er hatte in der Fernsehsendung ,,Wetten, daß . . ." verloren und unternahm es pflichtgemäß, Reisende im Speisewagen des Intercity zu bedienen.

Natürlich geschah das unter interessierter Beteiligung von Medienvertretern, so daß ein Extrawagen an den fahrplanmäßigen ,,Kurpfalz" angehängt werden mußte, und ziemlich humorlos versuchte die Opposition, dem SPD-Amateurkellner querzuschießen. Doch die monierende ,,Kleine Anfrage" des CDU-Abgeordneten Roland Sauer verflüchtigte sich wirkungslos, denn öffentliche Kosten, so wurde er beschieden, seien bei dieser privaten Wetteinlösung nicht erwachsen. Im Gegenteil: Mit gekonnter Bedienung hatte der Kellner-Minister während seiner Serviceleistung den Umsatz zugunsten der Bundesbahn um 66,66666 % erhöht.[14]

## *Verlegerstilistik*

„Mein Roman heißt Lichtenstein", so erklärte der Schriftsteller in seiner Angebotsvorlage; es war der damals 24jährige WILHELM HAUFF, aufgewachsen in bester schwäbischer Geistigkeit, der sich bereits durch Novellen und reizende Kindermärchen einen Namen gemacht hatte.

Der Leiter der jungen „Franckh'schen Verlagsanstalt" in Stuttgart erkannte sogleich die literarische Bedeutung dieses historischen Heimatromans und ließ den Dichter unmittelbar wissen, daß ihm das Manuskript „konveniere" und er bereit sei, es zu übernehmen.

„Ich lasse Ihnen zunächst eine Abschlagszahlung von 1000.- Gulden zugehen", schrieb er dem Autor dabei. „Leider kann ich mein Urteil über Ihren Roman nicht in den Stil kleiden, der ihm zukommen würde. Er ist vortrefflich."

Die Antwort des genialen Dichters, der bereits im folgenden Jahr starb und damit den Bestsellererfolg seines Romans nicht erleben sollte, griff diese Einschränkung auf. Hocherfreut schrieb er zurück: „Ein Verlegerbrief, der Überweisung von 1000.- Gulden ankündigt, ist in dem schönsten Stil geschrieben, den ein Autor sich nur wünschen kann . . ."

## *Mannemer Kulturerbe*

Die Industriestadt Mannheim hat bekanntlich eine ungewöhnlich enge Beziehung zu ihrem Theater, seit Kurfürst Karl Theodor um die Mitte des 18. Jahrhunderts das Nationaltheater gründete, rechtzeitig genug für die avantgardistische Uraufführung der „Räuber" des Ausländers Friedrich Schiller 1782.

Auch Richard Wagner hat hier in der Kurpfalz früh Rückhalt gefunden, so durch die Initiative des Musikalienhändlers EMIL

HECKEL, der bereits 1871 den „Richard-Wagner-Verein" gründete. Der sächsische Komponist sprach seinem Kunstförderer Dank durch einen Stammbuchvers aus: „Hat jeder Topf seinen Deckel, / jeder Wagner seinen Heckel, / dann lebt sich's ohne Sorgen, / die Welt ist dann geborgen."[1]

## *Woran hängt er?*

Der badische Aufstand Mitte vorigen Jahrhunderts war echt im Geist der Ideale der Freiheitskriege, Namen wie Carl Schurz, Gustav von Struve, Josef Fickler erweisen nachdrücklich, daß es keineswegs um radikalen Klassenkampf anarchistischer Färbung ging. Unter den revolutionären Kämpfern, die ein deutsches Parlament erstrebten, ragt FRIEDRICH HECKER heraus, einst Student der Jurisprudenz in Heidelberg und München und als 27jähriger bereits etablierter Obergerichtsadvokat in Mannheim, bald darauf Mitglied der badischen Kammer. Wie zahlreiche Achtundvierziger mußte Hecker, ein Bilderbuch-Volksführer, nach Amerika ausweichen und stieg dort im Sezessionskrieg zu hohem Führungsrang auf.

Bei seinen Landsleuten stand dieser Freiheitskämpfer mit dem legendären breitkrempigen Federhut hochverehrt in volkstümlichem Ansehen. Sein Bild hing in zahllosen Stuben seiner Heimat, das Lied dieses Idealisten blieb lange – weit über Badens Grenzen – lebendig:

„Wenn die Roten fragen: / Lebt der Hecker noch? / Sollt ihr ihnen sagen: / Ja, er lebet noch! / Er hängt an keinem Baume, / Er hängt an keinem Strick, / Er hängt am alten Traume / Der deutschen Republik."[1]

## *Wer dringt auf Belohnung?*

Der Unterschied zwischen dem Dichter Heine und dem Philosophen HEGEL erweist sich augenfällig in der Auseinandersetzung der beiden beispielsweise über das Wesen der Gestirne. Gegenüber Heines Auffassung, ob sie wohl Aufenthalt der Seligen seien, hatte Hegel nur eine nüchterne rationalbetonte Stellungnahme: „Nichts als ein leuchtender Aussatz am Himmel."

„Wäre es nicht möglich", fuhr Heine fort, „daß sich dort oben ein glückliches Lokal befindet, wo die Tugend nach dem Tode belohnt wird?"

Hegel demonstrierte eisige Ablehnung: „Sie wollen also auch noch ein Trinkgeld dafür, daß Sie Ihre kranke Mutter gepflegt und Ihren Bruder nicht vergiftet haben?"[15]

## *Unbeirrbar zielbewußt*

Der geniale Konstrukteur ERNST HEINKEL aus Grünbach im Landkreis Waiblingen, der mit seiner He 178 das erste Strahlenflugzeug der Welt baute und noch in den 50er Jahren sein Motorenwerk in Stuttgart-Zuffenhausen betrieb, war seit früher Jugend der Luftfahrt verfallen. In der Pionierzeit vor dem Ersten Weltkrieg unternahm er als 20jähriger zahlreiche Flüge. Dabei geschah es einst, daß er bei einer Veranstaltung auf den Canstatter Wasen eine Kurve zu eng nahm und abschmierte. Mit erheblichen Verletzungen wurde der Bruchpilot aus der Maschine geborgen.

Doch der von seiner Lebensaufgabe Besessene lächelte unter seinen Schmerzen und spöttelte, wie um die Helfer zu beruhigen: „Ich glaube, ich habe mich etwas verflogen."

## *„Vorspiele des Lebens"*

Auch Deutschlands erster Bundespräsident ist einst jung gewesen und hat, wie er in lächelndem Rückblick auf seine „sündenreiche Jugend" gesteht, „Bäume erklettert, Zäune erstiegen und Beerensträucher geplündert". Es spricht für ihn, daß er sich dabei trotz des verlockenden Anreizes nicht an den Trauben der großen Heilbronner Gemarkung vergriff, „weil fleißige und oft arme Familien daraus ihre Nahrung zogen".

In diesen „Vorspielen des Lebens", berichtet THEODOR HEUSS von der „Heimat seines Jugendglückes", wo er heranwuchs. „Ich bin gerne in die Schule gegangen", erklärt er, doch den Verdacht, etwa ein Musterknabe gewesen zu sein, zerstreut er sehr schnell durch das freimütige Bekenntnis, daß er „als einziger in der Klasse zweimal im Karzer gesessen habe."

Aus jener Zeit der „schönen Jugend" in Heilbronn erzählt er ein Erlebnis, das die ihm vom Vater anerzogene strenge Wahrhaftigkeit sehr treffend kennzeichnet. Der Inspektor des Turnwesens hatte den Verstoß eines Turnlehrers zu prüfen, und in Gegenwart der Schüler versuchte dieser sich dabei herauszureden. Da trat plötzlich der junge Theodor ungefragt vier Schritte aus dem Glied: „Der Herr H. hat gelogen", sagte er und machte wieder kehrt.

„Ich war damals dreizehn Jahre alt", heißt es in Theodor Heuss' Bericht, und der die Untersuchung führende Lehrer zeigte pädagogisches Verständnis genug, zu erkennen, daß den Jungen „nicht boshafte Frechheit, sondern kindliche Empörung über ein schiefes Verhalten trieb."[5]

## *Staatsakt vor der Teppichklopfstange*

Als die Reichsherolde in der Verworrenheit der politischen Verhältnisse beim Sachsenherzog Heinrich erschienen, ihm die Kaiserkrone anzutragen, war er am Vogelherd beschäftigt — als in der Verworrenheit der politischen Verhältnisse nach dem Zusammenbruch 1945 Vertreter der amerikanischen Besatzungsmacht bei THEODOR HEUSS erschienen, ihm das Württembergische Kultusministerium anzutragen, stand der Professor mit dem Patscher in der Hand, seine Teppiche auszuklopfen.

Heuss war über das Groteske der Situation erhaben. Er gab seinen Teppichen auf der Stange noch ein paar Schläge, um den letzten Staub zu entfernen und wohl auch um seine Überlegung zu unterstützen.

„Doch, i komm", sagte er dann zustimmend: „Wenn ihr mir ein Dienschdmädele besorget!"

## *Kultminister von US-Gnaden*

Als erster Bundespräsident der Nachkriegsjahre hat THEODOR HEUSS mit der Tradition echt liberaler Haltung neue Maßstäbe des geistigen Deutschland gesetzt.

Während seiner Tätigkeit als Kultminister in der amerikanischen Besatzungszone Baden-Württembergs wurde er einst nach der Begründung für diese anderswo unübliche Bezeichnung des Kultusministers gefragt. Natürlich war der einfallsreiche Geist – man denke an das geistreiche Abschiedswort „Nun siegt mal schön!" des Ungedienten an die Manöversoldaten der jungen Bundeswehr – auch hier um eine spritzige Antwort nicht verlegen: „Vielleicht aus Sparsamkeitsgründen – vielleicht ist die Endung aber auch weggelassen, um unsere Unabhängigkeit von den US nachdrücklich zu bekunden."[16]

## *V.i.p. mit Sicherheitsüberwachung*

Auch als Bundespräsident in Bonn wußte THEODOR HEUSS seine überlegen unkonventionelle Attitüde zu wahren, die ihn so volkstümlich machte. Als er sich nach der Tagesarbeit, um frische Luft zu schöpfen, einst in den Park begab, bemerkte er, daß er in der Brusttasche einen vergessenen Brief trug. Er blickte hinüber zum Briefkasten auf der anderen Straßenseite, wollte aber die Sicherheitsvorkehrungen der Beamten nicht durcheinander bringen und wandte sich deshalb an den Posten, der stramm salutierte: „Bitte, springen'S doch eben mal 'nüber und werfen 'S mir den Brief in' Kaschde – ich passe dann so lange selbst auf mich auf!"[16]

## *Euphemistisch*

Unter den Pionieren der Luftfahrt, deren Entwicklungsgeschichte bis Anfang Dezember des Jahres 1903 kaum über Ikaros' mythologische Flugversuche mit gewachsten Federn hinausgelangt war, nimmt die Leistung des Heilbronners HELLMUTH HIRTH einen führenden Rang ein. Im Jahr 1911, als er einen Höhenweltrekord erreichte und den ersten großen Überlandflug Berlin – Wien durchführte, wurde am Oberrhein ein Flugtag abgehalten, für den Prinz Heinrich von Preußen die Schirmherrschaft übernommen hatte.

Als bei dieser Veranstaltung eine Maschine in der Nähe von

Karlsruhe „notlanden" mußte, gab es trotz der bedrohlichen Situation allgemeines Gelächter, als die Reaktion der Piloten bekannt wurde: Das Flugzeug hatte beim Probeflug ausgerechnet auf den höchsten Bäumen eines Waldes aufgesetzt.

„Es war", so Hirth in seinen Erinnerungen, „ein eigener Anblick, den großen Vogel sich auf den Wipfeln schaukeln zu sehen. Als der Prinz, Bruder des deutschen Kaisers, hinaufrief: ‚Hat sich einer von euch was getan?', kam von oben prompt die Antwort: ‚Nein, hier ist alles in Ordnung!'"[17]

## *Fehlurteil der Großen*

Der Geschichtsprofessor Schiller, der Ende des 18. Jahrhunderts in Weimar die „Horen" herausgab, benannt nach den Jahreszeiten-Göttinnen und bedeutendste Zeitschrift der klassischen deutschen Literaturperiode, war — neben Goethe und Herder, Fichte und den Brüdern Humboldt — interessiert an weiteren Mitarbeitern und hatte ein Auge auf zwei junge Schriftsteller geworfen. Als Goethe nach Frankfurt reiste, bat er den Freund, die beiden dort zu empfangen: Herrn Schmidt aus Friedberg und Herrn HÖLDERLIN aus Nürtingen. Goethe entledigte sich zuverlässig der Aufgabe und berichtete darüber nach Weimar, Herr Schmidt sei ein hübscher junger Mensch . . . „Ich konnte nichts Bedeutendes aus ihm herauslocken . . ." Und ein paar Tage später: „Gestern ist auch Hölterlein bei mir gewesen . . . ich habe ihm besonders geraten, kleine Gedichte zu machen und sich zu jedem einen menschlich interessanten Gegenstand zu wählen."

Ungläubig liest der Mensch von heute diese erste, wirklich grotesk anmutende Begegnung der Großen der Weltliteratur mit dem genialischen Dichter des Empedokles: Goethe schreibt den Namen falsch, erteilt von der hohen Warte des Arrivierten formalistisch-pedantische Ratschläge, und Schiller vermeidet voreilige Ablehnung und empfiehlt vorsichtige Zurückhaltung im Umgang mit bisher nicht Qualifizierten von noch möglicher Entfaltung. So stellt er ohne jedes Gespür Hölderlin in eine Linie mit einem gewissen Herrn Schmidt, der heute völlig unbekannt ist: „Ich bin nun einmal in dem Fall, daß mir daran liegen muß, ob andere Leute etwas taugen und ob aus ihnen etwas werden kann, daher werde ich diese Hölderlin und Schmidt so spät als möglich aufgeben."

## Unvergeßlicher Mime

Der Ifflandring, mit dem noch heute der jeweils hervorragendste deutsche Schauspieler ausgezeichnet wird, erinnert an den unvergeßlichen Charakterdarsteller und Theaterleiter AUGUST WILHELM IFFLAND, der am Mannheimer Nationaltheater als erster den Franz Moor verkörperte und der vorbildliche Inszenierungen von Goethes und Schillers Dramen lieferte.

In besonderer Stimmung konnte es geschehen, daß Iffland sich den außertextlichen Spaß machte, seine Partner auf der Bühne durch sein Mienenspiel und listiges Extemporieren zum Lachen zu verleiten. Ein Kollege dachte sich für solchen Schabernack zu rächen und improvisierte in einer Szene, wo es komisch wirken mußte: ,,Da stehen wir nun alle beide wie ein paar Ochsen am Berge." Iffland ließ sich jedoch nicht überrumpeln, griff unbeirrt und geistesgegenwärtig nach dem nächsten Sessel und ließ sich darin nieder, damit von der Einbeziehung nicht betroffen.

Salbungsvoll erklärte er: ,,Ich sitze."

## In der Vergangenheit grabend

Bei der Verleihung des Goethepreises 1982, den die Stadt Frankfurt am Main in einstimmigem Beschluß dem Schriftsteller ERNST JÜNGER zugesprochen hatte, regten sich Proteststimmen unter der SPD und den Grünen, auch von – so die Worte des empörten Schriftstellerverbandes – geistfeindlichem Rabaukentum aggressiver Intoleranz. Diese Gegner der Entscheidung warfen dem Schriftsteller, dessen Gesamtwerk aufschlußreich die politische und geistige Entwicklung Deutschlands seit dem Ersten Weltkrieg spiegelt und der um eine philosophische Analyse der Zeit bemüht ist, Verherrlichung des Krieges vor wie auch demokratie- und judenfeindliche Äußerungen aus zurückliegender Zeit.

Der in Heidelberg geborene Schriftsteller, der sich nicht persönlich um die Auszeichnung bemüht hatte, wich dem Ansinnen nicht aus, sich Diskussionen und Interviews zu stellen. Mit ganz ungewöhnlicher Geistesfrische wußte er dabei sämtliche Vorhaltungen zu parieren. Als einer der Interviewer dem Siebenundachtzigjährigen eine Aussage aus den Zwanziger Jahren vorhielt, wies Jünger, seit über sechs Jahrzehnten schriftstellerisch tätig, solches Vorgehen souverän zurück: ,,Vielleicht werfen Sie mir noch vor", sagte er lächelnd, ,,daß ich einst schlechte Lateinzensuren aus der Schule heimbrachte."

## *Respektlose Jugend*

JUSTINUS KERNER, der als Oberamtsarzt und Dichter in höchstem Ansehen lebte, war in seiner Jugend zu Streichen aufgelegt wie jedes Kind. In seinem ,,Bilderbuch aus meiner Knabenzeit" berichtet er zum Beispiel von einem lustigen Streich, den er gemeinsam mit den Kameraden auf der Klosterschule zu Maulbronn dem würdigen Professor Mayer, der stets in Schlafrock und Zipfelmütze daherkam, gespielt hat: ,,Wenn zu einer Lektion geläutet werden sollte, so kam oftmals der Professor selber aus seiner Klause und zog das Glöckchen. Da gingen die Freunde mich einmal an, ich solle das Seil des Glöckchens hinaufziehen, daß es der kurze Professor nicht mehr erlangen könne. Als die Stunde zum Läuten kam, paßten wir Anstifter in einem Winkel auf. Der kurze Professor erschien, wußte sich aber wohl zu helfen; er nahm seinen Stuhl, stieg hinauf und erreichte glücklich das Seil zum Läuten. Wir im Verstecke verrieten uns fast durch Lachen ob der komischen Figur, die der Herr Professor machte, als er in seinem Schlafrocke mit der Zipfelkappe und einem Hängebauche auf dem Stuhle stand und den Strang des Klosterglöckleins mit saurer Miene zog . . ."[5]

## *Das Rezept*

Der Oberamtsarzt JUSTINUS KERNER, im ,,Nebenberuf" Dichter und Geisterforscher, hatte eine begreifliche Abneigung dagegen, sich außerhalb der Berufszeit in seinen dichterischen Gedanken stören zu lassen, und konnte als echter Schwabe auch wohl recht grob werden. In dringenden Fällen aber war er stets bereit, helfend einzugreifen.

Als er einst in tiefe Gedanken versunken auf seinem regelmäßigen Spaziergange die Weibertreu herabstieg, kam ihm voller Aufregung ein Bauer entgegengerannt, der den Arzt vergeblich in seiner Wohnung gesucht hatte, und bat ihn, seiner kranken Frau zu helfen. Kerner, hilfsbereit wie immer, ließ sich den Fall erzählen und wollte sofort ein Heilmittel aufschreiben. Unglücklicherweise aber hatte er keinen Bleistift bei sich. Auch der Bauer hatte kein Schreibzeug da, kramte jedoch zuguterletzt ein Stückchen Kreide aus dem Winkel seiner Tasche heraus.

„Es wird auch so gehen", lächelte der Arzt; „dreht Euch mal um und zeigt mir Euren breiten Rücken." Der Bauer tat, wie er ihn geheißen. Kerner nahm nun die Kreide und malte auf das blaue Wams des Bauern in großen Buchstaben sein Rezept: „So, jetzt marsch zur Apotheke, und den Rücken ruhig halten!" Der wackere Bauer trabte davon. „Und laßt Euch von niemandem auf den Rücken klopfen!" rief der Arzt ihm noch nach.

Der Apotheker, der sonst oft Veranlassung hatte, sich über die schlechte Schrift des Dr. Kerner zu beklagen, erklärte abends am Stammtisch, er habe nie ein so sauber geschriebenes Rezept von ihm erhalten.

## *Eine Pferdekur*

Welch unbegrenztes Vertrauen JUSTINUS KERNER, der Dichter-Arzt, bei seinen Patienten genoß, zeigt das Geschichtchen von dem Bauern, der um ein Mittel gegen seine Verstopfung bat. Kerner schrieb eine harmlose Siruplösung auf und wies den Knecht an, das Rezept sogleich in der Apotheke zu besorgen. Als er dann am andern Tage den Patienten besuchte, fand er ihn vor einer mächtigen Portion Spätzle sitzen. „Das Mittel hat gut gewirkt, Doktor. Aber es war halt doch eine Pferdekur."

Kerner betrachtete den Rest der „harmlosen Lösung" und bemerkte aufs höchste verwundert und ziemlich erschrocken, daß in der Flasche eine Menge Ameisen herumkrabbelten. Der Knecht wurde herbeigeholt und mußte nach einigem Leugnen zugeben, daß er unterwegs im Grase geruht habe. Die Ameisen, die dabei in die Flasche geraten waren und die der Patient gläubig hinunterwürgte, hatten ihn durch starken Brechreiz schneller gesund gemacht, als das einfache Mittel es allein hätte tun können!

## *Huldigung des Dichters*

JUSTINUS KERNER selbst hat seinem Freund Uhland einst von einer überraschenden Ehrung berichtet, die er in Weinsberg erlebte. Erschien da eines Tages ein Liederkranz aus dem Würzburgischen vor dem Dichterhause, schickte den Vorstand hinein und bat, dem verehrten Dichter durch den Vortrag eines seiner Lieder ein Ständchen bringen zu dürfen. Kerner war gern bereit, die Huldigung anzunehmen, und stellte sich ans offene Fenster. Der Dirigent ordnete geschwind seine Schar, hob den Taktstock, und der biedere Liederkranz schmetterte in die Lüfte: ,,Was glänzt dort vom Walde im Sonnenschein!"

Justinus Kerner winkte den begeisterten Sängern lächelnd den Dank zu für die Ehrung, die ja in Wirklichkeit seinem ,,Namensvetter" Theodor Körner galt, und blickte ihnen mit gutmütigem Schmunzeln nach, als sie unter Hurrarufen stolz von dannen zogen.

## *Verdächtige Sonnenbräune*

Dem Politiker KURT GEORG KIESINGER, der vor dem Krieg als Schwabe immerhin ein halbes Jahrzehnt Anwalt am Berliner Kammergericht war, gelang nach 45 — nach beruhigender Übergangszeit, in der ihm auch ,,das Lager" nicht erspart geblieben war — ein gradlinig beachtlicher Aufstieg: als MdB Vorsitzender des Ausschusses für Auswärtige Angelegenheiten, im Europarat, dessen Vizepräsident er wurde, ab 58 fast ein Jahrzehnt lang MP von Baden-Württemberg und anschließend Bundeskanzler als Nachfolger Adenauers und Erhards.

Wegen aufgewärmter ,,Unbewältigtheiten" gab es für den CDU-Mann im Wahlsommer 69 trotzdem noch mancherlei Schwierigkeiten. Angeblich verfolgten sie ihn so weit, daß er in dem heißen Sommer sogar die Sonne als zu beziehungsreich mied. Wenn er das Wochenende daheim verbringen konnte und die Sonne ihm dabei auf den Frühstückstisch schien, hielt er Zurückhaltung für geboten: ,,Bring mir doch bitte den Sonnenschirm, Marie-Louise", bat er seine Frau: ,,Noch mehr Bräune kann ich mir jetzt im Wahlkampf nicht leisten."[3]

## *Kontinuierliche Selbstverständlichkeit*

In Baden versteht man, widersprechende Komponenten ausgleichsbereit zu vereinen, das zeigt beispielsweise eine Begegnung des Erzbischofs mit dem Karlsruher SPD-Oberbürgermeister KLOTZ. Der Freiburger höchste Geistliche erschien zum Besuch dort im Rathaus, wo der OB ihn mit seinen Mitarbeitern erwartete – doch er hatte sie unter dem Aspekt ihrer konfessionellen Herkunft ausgewählt. So konnte er sie als „langjährige Ministranten" vorstellen.

Dem Gast mußte das natürlich gefallen, immerhin mischte sich in sein wohlgefälliges Lächeln etwas Hintergründigkeit: „Wie schön zu hören", sagte er dankend, „und was sind die Herren heute?"

Die Antwort des OB schien einen naturgegebenen Entwicklungsgang zu kennzeichnen, als er ziemlich entwaffend erwiderte: „Alles gute Sozialdemokraten."[1]

## *Frühkindliche Sensitivität*

ISOLDE KURZ, Tochter des einst volkstümlichen Schriftstellers Hermann Kurz und später selbst berühmt geworden durch ihre Novellen, berichtet aus der Kindheit, wie ihr ein Gast des Hauses einst eine Tüte Zuckerwerk mitbrachte, dem er den ihr noch unbekannten Namen Bonbon gab. Die Kleine fand aber diesen nasalen Doppellaut für die gutschmeckende Sache so abstoßend, daß sie ihn nicht aussprechen mochte. Als sie dann eines der runden bernsteinfarbigen „Zuckerchen" in den Mund nahm, geschah es, daß es ihr glatt den Hals hinunterrutschte. In aller Hast fuhr sie auf und rief der Mutter zu, sie habe „das Ding" verschluckt.

„Was für ein Ding?" fragte die Mutter voller Entsetzen, denn sie dachte sogleich an etwas Gefährliches. ‚Das Ding! Das Ding!' rief ich geängstigt, daß man mich nicht verstand", so berichtet die Dichterin die aufregende Szene, „und ich war nun erst recht entschlossen, das verhaßte Wort keinesfalls auszusprechen."

Die Mutter wollte in ihrer Verzweiflung schon den Arzt rufen, doch der anwesende Gast war verständig genug, die Kleine in Ruhe zu befragen, und stellte fest: „Es war rund und gelb und ganz süß . . ."

Da wurde die erregte Mutter schnell zurückgerufen. „Sie schloß mich jubelnd als eine Gerettete in die Arme, und ich erhielt ein zweites Bonbon, das ich trotz dem widrigen Namen vergnügt in Empfang nahm . . ."⁵

## Luise und Luisle

Badens Großherzog Friedrich I., der das Erbe aus dem Aufstand der 48/49er Jahre übernehmen mußte, fand für den Ausgleich dieser Spannungen wertvolle Hilfe bei seiner Frau, die er aus dem preußischen Hohenzollernhaus geholt hatte. Auf die Tatkraft dieser Großherzogin LUISE geht mancher soziale und liberale Fortschritt im Ländle zurück, so mit der Gründung des karitativen Frauenvereins ebenso wie zahlreicher Einrichtungen im Bereich der Kranken- und Säuglingspflege. Durch ihre Initiative wurden zum Nutzen der Kinder moderne Zielsetzungen wie Krippen und Ferienkolonien verwirklicht, das weibliche Schulwesen mit Fortbildungs- und Frauenarbeitsschulen sowie Gymnasialzügen für Mädchen gefördert. In den Augen mancher Zeitgenossen führte das Ergebnis solcher ungewöhnlichen Betriebsamkeit geradezu zu einer „Luisenanstalt".

Es war jedoch nicht nur landesübliches Diminutiv, sondern echt anerkennende Einbeziehung in den heimatlichen Lebensbereich, als die Kaisertochter nun liebevoll Luisle genannt wurde – dieselbe „Preußin", deren Bemühen um Volkstümlichkeit man einst recht distanziert und nicht gleichermaßen verständnisbereit aufgenommen hatte. Wenn Luise, die 18jährig nach Baden gekommen war, mit freundlichem Kopfnicken – jeweils einmal nach links, einmal nach rechts, dreimal geradeaus – durch die Straßen fuhr, hatte der Volkswitz dafür ursprünglich eine eigenständige Auslegung gehabt: „Du kriegsch nix – du kriegsch au nix – 's goht alles na Berlin."¹

## Schwarzer Peter

Zur Adenauerzeit stand im Deutschen Bundesrat einst die Verabschiedung der deutsch-alliierten Verträge sowie der damit verbundene EVG-Vertrag auf der Tagesordnung. Präsident des

Bundesrats war zu jenem Zeitpunkt turnusmäßig REINHOLD MAIER, MP von Baden-Württemberg, der sein Ländle mit einer sozial-liberalen Koalition regierte. Er mußte befürchten, diese Koalition mit einer Entscheidung zu gefährden, und manipulierte deshalb einen geschickten Ausweg: Er schob dem Bundeskanzler Adenauer die Entscheidung zu, indem er einen Bundesratsbeschluß herbeiführte, nach dem dieser vor der Verabschiedung noch ein paar offene Fragen zu klären habe.

Abends saß man in einer Runde beim Wein zusammen, zu der der MP Journalisten eingeladen hatte. Schmunzelnd setzte der Hausherr seinen Gästen von dem guten heimatlichen Gewächs vor. Er hatte es beziehungsreich ausgewählt: ,,Schwarzer Peter" und ,,Schnaidter Armer Konrad".

## *Welche Wildsau?*

REINHOLD MAIER, verdienstvoller MP Baden-Württembergs nach der Begründung der Bundesrepublik Deutschland, stand in seiner Amtszeit vor einer Vielzahl von nachkriegsbedingten Aufgaben. Weil die Militärregierung der US-Besatzungsmacht alle Jagdgewehre eingezogen und jegliche Jagdausübung verboten hatte, ergab sich infolge der Vermehrung der Wildschweine ganz ungewöhnlicher Wildschaden. Fast täglich wurde die Landesregierung zur Registrierung von aufgetretenen Flurschadensfällen angefordert. Reinhold Maier tat sein Möglichstes und hatte schließlich auch Erfolg.

Als er später, so berichtet er selber, auf einer Wanderung in die Gegend des Welzheimer Waldes kam, wo es einst besondere Schwierigkeiten gegeben hatte, war von Wildschäden nicht mehr die Rede. ,,Was machen denn eure Wildschweine?" fragte er einen der Einheimischen.

Der Mann schüttelte arglos den Kopf: ,,Herr Ministerpräsident, seit Se dag'wäse sent, hemmer koi Wildsäu net meh gsähe!"

## „Der rote Prinz"

Badens Anteil in der Geschichte des deutschen Kaiserreiches bietet sich in eigenartigen Sprüngen dar: Die Truppen des Großherzogs, die noch 1866 im Bund mit Österreich gegen Preußen gekämpft hatten, standen vier Jahre später auf der Seite des einstigen Gegners im Krieg gegen Frankreich, und derselbe Großherzog war es, der im Spiegelsaal zu Versailles das Hoch auf den deutschen Kaiser, der übrigens sein Schwiegervater war, ausbrachte. Weniger als ein halbes Jahrhundert später wurde sein Neffe, Vetter des regierenden Großherzogs und designierter Thronfolger, deutscher Reichskanzler.

PRINZ MAX aus diesem Zähringergeschlecht, Stabsoffizier und Dr. jur., aufgeschlossen für bildende Kunst und Musik, nach Golo Mann in seiner Jugend „das Idealbild eines Prinzen, fast wie aus dem Märchenbuch", wurde dazu berufen, die deutsche Monarchie zu liquidieren. Man nannte ihn schon vorher – mit überspitzter Bewertung seiner badischen Liberalität – den „roten Prinzen", auch als er nun Anfang Oktober 1918 in Vereinbarung mit den Mehrheitsparteien die erste parlamentarische Regierung des wilhelminischen Reiches bildete; sie sollte jedoch zugleich dessen letzte sein. Nach fünfwöchiger Amtszeit übergab der fürstliche Reichskanzler seine Obliegenheiten dem Vorsitzenden der Sozialdemokratischen Partei, Friedrich Ebert, der in Heidelberg aufgewachsen war.

„Ich lege Ihnen das Deutsche Reich ans Herz!" erklärte Prinz Max tief bewegt beim Abschied. Und der neue Regierungschef entgegnete unpathetisch verantwortungsbewußt: „Ich habe zwei Söhne für dieses Reich verloren."[1]

## Von zwei Übeln . . .

Es ist gut, wenn in der Politik auch mal heitere Akzente gesetzt werden – selbst wenn sie sich am Rand der Geschäftsordnung abspielen sollten. Als zu Beginn der 80er Jahre die Grünen in den Landtag einrückten, immerhin mit 6 Sitzen, genossen sie bekanntlich nicht einhellig Sympathie. Auch beispielsweise nicht bei Baden-Württembergs Kultminister GERHARD MAYER-VORFELDER. Bei der Hälfte der grünen Abgeordneten handelte es sich dabei um Lehrer, für die er also außerhalb des Parlaments Vorgesetzter war.

Offenbar wog der KM diese Doppelsituation ab, als in der Debatte jemand einwandte, es gefalle ihm nicht, die Grünen im Landtag zu sehen. Da entfuhr es ihm ziemlich unwillig mit Blick auf die pädagogische Hälfte dieser Abgeordneten: ,,Ganz im Gegenteil: Ich bin froh, daß sie hier sind! Da können sie wenigstens an der Schule kein Unheil anrichten!"[11]

## *Zukünftiges Schicksal*

An der Schwelle zwischen Mittelalter und Neuzeit, im Jahr 1497, wurde dem Waffenschmied Georg Schwarzert in Bretten ein Sohn PHILIPP geboren, der sich als wissenschaftliches Wunderkind entwickelte: Zwölfjährig wurde er Student in Heidelberg, mit vierzehn dort Baccalaureus, mit 17 erwarb er in Tübingen den Magistergrad; 21 Jahre war er alt, als er als Professor der griechischen Sprache nach Wittenberg berufen wurde. Seinen Namen deutete der Humanist als Schwarz-Erd und gab ihm nach damaliger Üblichkeit eine gräzisierte Lautform: MELANCHTHON. Unter diesem Namen wurde er Martin Luthers einflußreicher Mitarbeiter.

Neben seinen wissenschaftlichen Studien betrieb er die Kunst der Chiromantie. Einst geschah es, daß er beim Besuch in einer vielköpfigen Wittenberger Bürgerfamilie die Hand des jüngsten Kindes ergriff, um ihm aus den Handlinien sein Schicksal vorauszusagen. ,,Dieses Knäblein wird dereinst ein großer Theologe werden", erklärte er nach eingehender Untersuchung.

,,Ich habe Bedenken, ehrwürdiger Herr", wandte der Familienvater ruhig ein, ,,denn es ist ein Mädchen!"

## *Nein: umgekehrt!*

Als vor wenigen Jahren das Druckereigewerbe auf Fotosatz umgestellt wurde, bedeutete das für den Beruf des Setzers Umstellung auf eine umwerfend andersartige Methode. Eine vergleichbar revolutionierende Neuerung hatte sich im vorigen Jahrhundert im Bereich von Gutenbergs genialer Erfindung ergeben, als

OTTOMAR MERGENTHALER seine neue Setzmaschine Ende der 80er Jahre nach langjährigen Versuchen für funktionsfähig erklären konnte.

In Bietigheim hatte der aus Bad Mergentheim stammende Volksschullehrersohn das Uhrmacherhandwerk gelernt und war 18jährig nach Amerika ausgewandert. Jahrelang hatte er dort mit Besessenheit, ein echter schwäbischer Schaffer, sein Ziel verfolgt. Es war ein Wunderwerk, das ihm schließlich gelang. Durch einen Tastendruck löste der Setzer eine Matrize aus, die abwärts in einen Kanal fiel und sich dort im geschlossenen Metall mit anderen zu einer Zeile zusammenfügte.

„A line o' type!" hatte der Zeitungsverleger, dem Mergenthaler seine ersten Ergebnisse vorstellte, begeistert ausgerufen: „Eine ganze Druckzeile!" Ohne es zu wollen, gab er damit der umwälzenden Neuerung den Namen, unter dem die geniale Erfindung bekannt wurde: die Linotype.

Die komplizierte Maschine besorgte die Arbeit von 7 Setzern. Ein neues Zeitalter im Zeitungswesen brach herein: Jetzt wurden mehr Zeitungen, zehnmal soviel wie bisher, gedruckt und erheblich umfangreicher. Hunderte von Berufszweigen mit der entsprechenden Zahl von neuen Arbeitsplätzen waren die Folge.

„Die Linotype wird zahllose Setzer brotlos machen", hatte man vorher entsetzt geunkt – gerade das Gegenteil sollte sich verwirklichen.

## *Rächender Meylenstein*

In den Nachkriegsjahren geschah es, daß sich beim Ausbau des Promenadenweges am Heilbronner Wartberg Unstimmigkeiten mit den Arbeitern ergaben. Weil diese sich bei der Baubehörde mit ihren Anliegen nicht durchsetzten, unternahmen sie einen Racheakt in ihrer Art: In einem Mauerstein, unübersehbar für jedermann, fand man nach Abschluß der Arbeiten das weltberühmte Götz-Zitat mit der Jahreszahl 1952 eingemeißelt.

Bei den anschließenden Auseinandersetzungen – natürlich meldeten sich sogleich empörte Stimmen, die auf Beseitigung der anstößigen Inschrift drängten – lag die Entscheidung bei dem Heilbronner Stadtvater. Oberbürgermeister MEYLE war nicht bereit – ausgerechnet in Heilbronn, wo Götz von Berlichingen einst drei Jahre lang in Haft gesessen hatte –, diesen

Streich schlichter Menschen überzubewerten, und konterte ihn schließlich humorvoll ab durch einen Vermerk auf dem Nachbarstein mit seiner Unterschrift:

Wart no e Weile!
Oberbürgermeister Meyle. 1955

Wann diese Frist abgelaufen sei, blieb unentschieden – beide Steine jedenfalls wecken noch heute als attraktives Kuriosum die Heiterkeit von Fremden und Einheimischen.[1]

## *Heroische Haltung*

Als Lehrer am Stuttgarter Katharinenstift besprach EDUARD MÖRIKE, vorher Pfarrer in Cleversulzbach, mit den jungen Damen einst Goethes „Iphigenie auf Tauris" und war eben dabei, den Monolog „Hinaus in eure Schatten" zu rezitieren, als ihn ein unwiderstehliches Niesen überkam. Er griff nach hinten in die Rockschoßtasche und „zog etwas Weißes, Langes heraus und führte es zur Nase . . . Aber unbeirrt im Sprechen fortfahrend, wollte er das Tuch wieder in die Tasche stecken, doch nun schien es ihm wie verhext; er stopfte und stopfte und konnte nicht damit zu Ende kommen: je mehr er hineinschob, desto länger dauerte es, bis er zuletzt den Kampf aufgab und das Tuch hängen ließ. Als er es nach einiger Zeit von neuem hervorlangte, kam es ebenso lang aus der Tasche wieder heraus, und nun sah er – o Schrecken! – daß es eine Fenstergardine war, was er da bearbeitet hatte."

So weit der Bericht von Isolde Kurz, die ihn aus dem Munde des schwäbischen Romantikers unmittelbar erhalten hat; Mörike stand ja mit ihrem Vater Hermann Kurz, dessen volkstümliche Romane damals weit verbreitet waren, in freundschaftlichem Umgang und erschien oft im Hause Kurz.

Als Abschluß dieser ergötzlichen Episode zitiert Isolde Kurz die Aussage Mörikes wörtlich: „Aber denken Sie sich: Ein ganzer Saal voll mutwilliger junger Mädchen, und auch nicht eine, die zu ihres Lehrers Nöten den Mund verzog! Sie saßen sämtlich in heroischer Fassung da, als ob sie nichts gesehen hätten!"[18]

## Beziehungsreich

Herzog Eberhard Ludwig, der vor drei Jahrhunderten über 50 Jahre lang in Württemberg regierte, hielt sich nach zeitgenössischem Vorbild eine Mätresse, die Gräfin von Grävenitz, und räumte ihr weitgehenden Einfluß ein. Das Land stöhnte vor Unwillen über diese Maßnahmen. Auch in die Obliegenheiten der Kirche griff die Mätresse selbstherrlich ein, und so stellte sie eines Tages an den Hofprediger OSIANDER die Forderung, er solle sie beim Gottesdienst in sein Gebet mit einschließen.

Der aufrechte Geistliche ließ sich nicht beirren. ,,Diese Weisung, Frau Gräfin, ist überflüssig", erklärte er, ,,denn das geschieht bereits ständig..."

Und auf die erstaunte Frage der einflußreichen Dame fuhr er fort: ,,Wenn wir das Vaterunser beten, gilt Euch die sechste Bitte: Erlöse uns von dem Übel!"


## Radikalmittel

Nach dem schwäbischen Stammsitz seines Geschlechts lautet sein Name Theophrastus Bombastus von Hohenheim, bekannt ist der Arztsohn jedoch unter dem Namen PARACELSUS. Als Arzt und Naturforscher war er, geboren 1493, von ganz erstaunlicher Fortschrittlichkeit: Er erkannte die Bedeutung der physikalischen und chemischen Grundlagen alles Organischen und erklärte die Lebensvorgänge als chemische Naturprozesse, er betätigte sich auf dem Gebiet der inneren Medizin, ihn beherrschte der Glaube an die Selbsthilfe der Natur, er betonte die Bedeutung des Zusammenhangs von Leib und Seele – Paracelsus war in der Tat bahnbrechend für die moderne, naturwissenschaftlich orientierte Medizin.

Einst war der geniale Arzt an den Hof gerufen, er sollte den Kaiser von seiner Podagra heilen. Eigenwillig lehnte er es ab, sich für die Audienz ein höfisches Gewand anlegen zu lassen, und trat in seinen Landstörzerkleidern vor Karl V. Er untersuchte den Patienen, bereitete ihm eine Arznei, achtete darauf, daß der Kaiser sie ordnungsmäßig einnahm, und machte sich sodann ungesäumt davon.

Der Kaiser bekam anschließend so fürchterliche Schmerzen,

daß er schon glaubte, vergiftet zu ein. In seinem Zorn ließ er den Arzt rufen, doch vergeblich – Paracelsus war nicht aufzufinden.

Zwei Tage später stellte er sich dann selber ein – und fand den Kaiser bei gutem Befinden. ,,Euer Glück, daß Ihr mir nicht vorher vor Augen gekommen seid", empfing ihn der Herrscher, ,,wahrscheinlich lebtet Ihr sonst nimmer."

,,Das habe ich gewußt", lächelte Paracelsus wissend zurück; ,,deshalb komme ich ja auch erst heute. Eurer Podagra aber war net anders abzuhelfen."

## *Seiner Zeit voraus*

In seinen Erinnerungen bekennt FERRY PORSCHE, der als Sohn des berühmten Konstrukteurs des Auto-Union-Rennwagens und des VW das Lebenswerk seines Vaters in Stuttgart-Zuffenhausen erfolgreich weitergeführt hat, sein ,,Faible für gutsitzende Anzüge", möglicherweise als Erbteil seines Großvaters mütterlicherseits, der Herrenschneider in Wien war.

Bei dem Schneider seines Vaters, zu dem er als junger Student an der TH erstmals gehen durfte, mußte er sich mit seinen Wünschen nachdrücklich und mit dessen Mißbilligung durchsetzen: ,,Bitte machen Sie mir den Anzug, wie ich es Ihnen gesagt habe."

Als er später einen neuen Anzug in Auftrag geben wollte, so berichtet er, ,,begrüßte mich derselbe Schneider mit gewinnendem Lächeln. ‚Ihre Mode ist wieder im Kommen, Herr Porsche', sagte er fast devot. ‚Sie ist jetzt dernier cri!' Ich mußte innerlich lächeln und ihn etwas aufziehen. ‚Das beweist doch', sagte ich toternst, ‚daß ich meiner Zeit um drei Jahre voraus war!'"[19]

## *Positionslichter – für wen?*

Im Rahmen der Kriegsfabrikation hatte das Porsche-Unternehmen nach dem allgemeinen Erfolg des Kübelwagens den Auftrag erhalten, ein Schwimmfahrzeug herzustellen. FERRY PORSCHE war für die Entwicklung zuständig und mußte von seinen militärischen Auftraggebern vielerlei Spezialwünsche anhören, die der taktischen Zielsetzung widersprachen; mit ihrer Forderung nach Anbringung eines Ankers mit Kette beispielsweise beeinträchtigten sie die gebotene leichte Bauweise, und als sie gar grüne und rote Positionslampen verlangten, entfuhr es dem verantwortlichen Konstrukteur, der selber nie Soldat gewesen war: „Was braucht der Feind denn zu wissen, welche Richtung die Fahrzeuge einschlagen?"[19]

## *Freiwillige Zugabe*

Für das Bauprogramm von Panzern im Zweiten Weltkrieg war FERDINAND PORSCHE für Kampfwagen kleineren Formats eingetreten, nicht mit fünfköpfiger Besatzung, sondern jeweils mit zwei Mann. Er fand für seinen Vorschlag jedoch kein Gehör, weder bei der Generalität, die nicht von der Tradition abweichen wollte, noch bei der Rüstungsindustrie, die mit der etablierten Expertenmeinung nicht zu brechen wagte.

„Bei einer Sitzung der Panzerkommission", so berichtet Ferry Porsche, „bei der das Projekt des kleinen Panzers von uns vorgelegt wurde, erklärte Speer, er bezweifle, daß das Fahrzeug so leicht gebaut werden könne: ,Wenn Sie recht haben, dann fresse ich einen Besen!'

Darauf entgegnete mein Vater: ,Die Putzfrau liefere ich Ihnen dann auch dazu!'"[19]

## *Aus dem letzten Loch*

Als sich mit der Ausweitung der Frontbereiche im Zweiten Weltkrieg die Schwierigkeiten der Rohstoffbeschaffung immer mehr erhöhten, spitzten sich auch die Überlegungen für Ersatzbeschaffung immer mehr zu, teilweise in grotesker Übersteigerung.

Ferry Porsche berichtet von solch einem Vorschlag, der auf einer Besprechung „allen Ernstes" vorgebracht wurde: Man solle das Blei aus den Kielen der deutschen Segeljachten beschlagnahmen, um daraus Batterieplatten für U-Boote herzustellen. Auf die Frage seines Vaters, wieviel Tonnen Blei man auf diese Weise zu gewinnen hoffe, wurde eine Zahlangabe gemacht, nach der eine Woche lang Batterieplatten produziert werden könnten.

„‚Ich verstehe Ihre Logik nicht'", sagte FERDINAND PORSCHE achselzuckend, ‚wenn die Lage wirklich so verzweifelt ist, dann wäre es doch besser, den Krieg eine Woche früher zu beenden und die Kiele der Segelboote dort zu belassen, wo sie sind'."[19]

## *Nicht zu täuschen*

Schüler und Studenten zeigen nicht selten Neigung, ihre allwissenden Lehrer listig zu überführen, um ihnen die Grenzen ihrer Überlegenheit deutlich zu machen. So geschah es einst auch bei einer geologischen Exkursion des berühmten Tübinger Professors QUENSTEDT, der mit seinen Studenten im Donautal Untersuchungen durchführte. Dabei präsentierte ihm ein Teilnehmer scheinheilig eine mitgebrachte Gesteinsprobe, die er angeblich soeben gefunden hatte, und bat um Auskunft.

Der professorale Geologe ließ sich nicht beirren und fertigte – so hat es Theodor Haering überliefert – den fürwitzigen Frager mit gelassener Grobheit ab: „Junger Mann, wenn Sie mir noch einmal an dem Heiligen Grab auf der Wurmlinger Kapelle ein Stück von den Säulen stehlen, werde ich Sie wegen Kirchenschändung der Polizei übergeben!"[13]

## *Eindringen anderer Gedanken ausgeschlossen*

Daß der Stuttgarter Oberbürgermeister weithin bekannt ist, geht natürlich zu gutem Teil auf die Erinnerung an seinen Vater Erwin Rommel zurück, den Generalfeldmarschall und legendären „Wüstenfuchs". Aber MANFRED ROMMEL hat dieses Schicksal, im Schatten seines berühmten Vaters zu leben und zu wirken, längst überwunden und sich persönlich profiliert. Seine urwüchsige Eigenständigkeit, dazu seine von liberaler Haltung geprägte Souveränität des Geistes und seine unbeirrbare Toleranz sind Charakterzüge, mit denen er sich über die Parteigrenzen hinaus Ansehen erworben hat.

Daß Manfred Rommel mehr kann als die Amtskette des OB tragen, erweisen seine zahlreichen – selbstverständlich von ihm selbst verfaßten – Reden und Schriften. Geistreich und scharfsinnig stilisiert er mit wenigen Pinselstrichen alltägliche Sachverhalte zu einer eleganten Glosse, die mit ihrer schwäbischen Tiefgründigkeit zur nachdenklich-vergnüglichen Lektüre wird.

„Wir haben den Schuldigen gefunden", erklärt er in der Deutung der verworrenen Gegenwartssituation: „Dieser Schuldige ist die Gesellschaft – also jedermann, also niemand."

Dabei kommt Rommel dann auf offizielle Veranstaltungen der Stadt Stuttgart zu sprechen, bei denen in schwäbischer Sparsamkeit Laugenbrezel und Maultaschen gereicht werden. „Die Maultasche ist eine sehr praktische Speise. Sie quillt im Magen so auf, daß für anderes nur wenig Platz bleibt. Diese Eigenschaft teilt die Maultausche mit so manchen politischen Programmen. Auch sie können – im Kopf – so aufquellen, daß für anderes kein Platz mehr ist, so daß das Eindringen anderer Gedanken ausgeschlossen werden kann."[15]

## *Alterserscheinung*

Der Dichter WILHELM SCHÄFER, der in Überlingen seiner Erzählkunst lebte und im Bereich der Anekdote und der Novelle zu anerkannter Meisterschaft gelangte, hatte einen anhänglichen Leserkreis und wurde mit dem Goethepreis der Stadt Frankfurt am Main ausgezeichnet. Im Gespräch mit einem Schriftstellerkollegen, dessen Stil, umfangreich und breit gestaltet, sich erheblich von Schäfers klassizistisch-schlichter Gestaltung unterschied, kennzeichnete er einst dessen Darstellungsart im Vergleich zu seiner eigenen: „Ihr Stil erinnert mich an die Figur mancher Frauen. Je bejahrter er wird, desto mehr geht er in die Breite."

## *Gespensterseher?*

Seinen „Ekkehard" hat SCHEFFEL nicht in der Studierstube verfaßt, sondern draußen im Angesicht der Alpen und im sonnbeglänzten Hegau, auf den Spuren der Herzogin und des Mönchs. Er hatte damals bei seinem Eintreffen im Schulzenhof am Hohentwiel, wo er Wohnung nahm, ins Fremdenbuch ein Gedichtchen eingetragen, in dem er von den Gestalten spricht, die nächtlich auf dem Turm den Vergilius studieren.

„I weiß gar net, was der da will mit sein'm Geschreibs", meinte der Schultheiß kopfschüttelnd, als er die Verse las. Seit drei Jahrzehnten sitze er nun schon auf dem Hohentwiel und habe noch nie lateinische Verse gehört. „Un von Sankt Gallen isch noch nie oiner dort drobe g'sesse als der Herr Apotheker Wagemann; un von oiner Frau Hadwig isch halt gar nix uff deme Schultheißenamt bekannt. 's muß also mit deme Herre doch net recht richtig sei', mei Tochtermann hat's lang scho g'sagt!"

## *Scheffel ist leider nicht zu Hause!*

Nach dem 70er Kriege ermöglichte dem Dichter der Erfolg seiner Werke endlich, sich auf eigenen Grund zurückzuziehen. In Radolfzell am unteren Bodensee erbaute er sich sein Landhaus „Seehalde" und lebte hier, innerlich immer mehr vereinsamt, als Weinbauer, Jäger und Fischer.

Nicht immer war SCHEFFEL bereit, die vielen Verehrer seiner Kunst, die den berühmten Mann sehen und sprechen wollten, zu empfangen. Es konnte vorkommen, daß er in reizbarer Laune die Besucher abwies, er brachte es sogar fertig, unwirsch den Kopf zum Fenster herauszustecken und dem Gast zuzurufen: „Der Herr Doktor ist heute nicht zu Hause!"

## *Dumme Fragen und frankierte Bildung*

JOSEF VIKTOR VON SCHEFFEL, der frischfröhliche Sänger vom Oberrhein, war Handschriftenjägern, die ihn immer wieder bestürmten, nicht sonderlich zugetan. Eines Tages erhielt er einen Brief, in dem ihn die jungen Damen eines Pensionats um Auskunft baten, wie er das auf Luther zurückgehende Sprichwort auffasse: „Alles in der Welt läßt sich ertragen, nur nicht eine Reihe von guten Tagen."

Scheffels Antwort ließ keinen Zweifel: „Alles in der Welt läßt sich ertragen, nur nicht eine Reihe von dummen Fragen."

Auf feine Art gab er einst auch einer Dame aus England zu verstehen, daß ein Mensch von Bildung seinen Mitmenschen nicht mit Strafporto belasten darf und einer Bitte Rückporto beizugeben hat. Diese Dame hatte ihr Album, für das sie um ein Autogramm bat, unfrankiert zugesandt.

Scheffel gab gleichwohl seine Unterschrift. Doch das ihm vorgelegte Stammbuch schickte er mit dem postalischen Strafportobescheid zurück und vermerkte dabei: „Bildung macht frei."

## *Nicht zu überlisten*

Auf seltsame Weise mußte sich der berühmte Dichter in Radolfszell gelegentlich der Autogrammjäger erwehren. So durchschaute er auch prompt die Absicht eines besonders schlauen Kunstliebhabers, der, um einige Zeilen seiner Hand zu erhalten, sich mit der Anfrage an ihn wandte, ob der „Ekkehard" vor dem „Trompeter" erschienen sei. SCHEFFEL sandte das Schreiben „urschriftlich" zurück, indem er den „Trompeter" mit der Zahl eins und den „Ekkehard" mit einer Zwei versah.

## *Ernsthafte Zustimmung*

Die übermütigen Lieder feuchtfröhlicher Humpenpoesie, die SCHEFFEL so unüberbietbar beliebt machten, brachten ihn zugleich in den leidigen Ruf eines wüsten Zechers und Tagediebes. Nur wenige seiner Anhänger wußten, daß diese Kneipgesänge aus wehmütigem, leidendem Herzen entsprangen und daß er in dem überschäumenden Ausdruck unbekümmerter Trinkerweisheit einen Ausgleich suchte für die Qualen, an denen er,

„krank am Widerspruche der Zeit und des eigenen Herzens", litt.

So richtete einst auf einer Gesellschaft eine Dame, gleichsam mitleidig, an ihn die wohl wenig taktvolle Frage: „Sagen Sie, Herr Doktor, ist es wirklich wahr, daß Sie so unmäßig trinken?"

Scheffel konnte solche Ansicht, die zugleich den Vorwurf in sich barg, er verderbe die Jugend, inzwischen nicht mehr überraschen, und so nimmt die Antwort nicht wunder, die er der wohlmeinenden Dame in ernsthafter Zustimmung gab: „Ganz sicher, gnädige Frau, und auch fressen tut das Scheusal ganz unheimlich."

## *Rächender Taufname*

Wie SCHEFFEL ungeheuer reizbar war gegen den Vorwurf, ein Säufer und Kneipheld zu sein, so konnte er sich „bis zu stirnaderquellender Wut" erregen über die Nachahmer oder Verspotter seiner Werke.

So hatte er einst den Besuch eines Gastes aus Berlin gehabt, den angeblich die Verehrung für den großen Mann nach Seehalde geführt hatte. „Hier an diesem Tisch ist er gesessen", wetterte Scheffel, als er es einem Freunde berichtete: „Salz und Brot hab ich mit diesem Kerl geteilt, und nun schickt er mir neulich sein Buch, in dem er mich verhöhnt und als den gemeinsten Saufaus hinstellt."

Viktor, Scheffels Sohn, brachte das Buch, die Scherznachdichtungen Fritz Mauthners. Doch als der gelehrige Sohn ausgerechnet das Gedicht aufsagte, das den Vater darstellte, wie er als urgewaltiger Zecher zu mitternächtiger Stunde zwölf riesige Maße Seewein vertilgt, da fuhr es dem Dichter heraus: „Bänk' und Bäume meines Besitztums habe ich nach meinen Freunden benannt; nur der Saustall hat noch keinen Namen – ich weiß, nach wem ich ihn künftig taufen werde!"

## *Dichtung in der Tücke des Objekts*

Trotz der Erfolge seiner drei Jugendwerke hatte Schiller sein Amt als Theaterdichter verloren und suchte sich nun, von Sorgen und Schulden bedrängt, durch die Herausgabe der „Rheinischen Thalia" seinen Lebensunterhalt zu verdienen. In dieser schweren Zeit griff ein Retter in sein Leben ein: Der Konsistorialadvokat und spätere Apellationsgerichtsrat Christian Gottfried Körner, der Vater des Sängers der Freiheitskriege.

In Körners gastfreiem Hause fand FRIEDRICH SCHILLER Unterkunft und Muße für sein Drama „Don Carlos", der seine bisherige dichterische Entwicklung krönen sollte, die Entwicklung vom Revolutionär zum Reformator. Es ist das Drama, in dem Schiller — wegweisend für die Zukunft — Gedankenfreiheit fordert.

Auch für den Dichter, der „hoch überm niedern Erdenleben" in den Gefilden der Seligen wandelt, gibt es den nüchternen Alltag mit dem Allzumenschlichen, mit der Tücke des Objekts und dem Ringen um den Werkstoff. Schiller hat solche Desillusion erleben müssen, als er in dem Körnerschen Gartenhaus, das sein Mäzen ihm eingeräumt hatte, seine Muse suchte. Ganz in der Nähe nämlich war das Waschhaus, in dem man den täglichen Sauberkeitsbedürfnissen der großen Körnerfamilie gerecht werden mußte. Außerdem war die Jahreszeit inzwischen recht weit fortgeschritten, mit einem Ofen war das leichtgebaute Gartenhaus nicht ausgestattet, und natürlich war es für den jungen Himmelsstürmer nicht immer ganz einfach, mit der inneren Glut des Dichterherzens auch den äußeren Menschen zu erwärmen: Dumm ist mein Kopf und schwer wie Blei, / die Tabaksdose ledig, / der Magen leer — der Himmel sei / dem Trauerspiele gnädig! / Feu'r soll ich gießen aufs Papier / mit angefrornem Finger; / o Phoebus, hassest du Geschmier, / so wärm auch deine Jünger.

Aber Schiller hatte ja Humor. In heiterer Selbstironie beginnt der arme Geistesarbeiter als „Haus und Wirtschaftsdichter" sein „Promemoria eines niedergeschlagenen Trauerspieldichters an die Körnerische weibliche Waschdeputation": Die Wäsche klatscht vor meiner Tür, / es scharrt die Küchenzofe — / Und mich, mich ruft das Flügeltier / nach König Philipps Hofe. / Ich steige mutig auf das Roß; / in wenigen Sekunden / seh ich Madrid, am Königsschloß / hab ich es angebunden. / Ich eile durch die Galerie / und siehe da! Belausche / die junge Fürstin Eboli / im süßen Liebesrausche. / Jetzt sinkt sie an des Prinzen Brust /

mit wonnevollem Schauer, / in ihrem Auge Götterlust / und in dem seinen Trauer. / Schon ruft das schöne Weib Triumph! / Schon hör' ich — Tod und Hölle — / was hör ich — einen nassen Strumpf / geworfen in die Welle! / Und hin ist Traum und Feerei, / Prinzessin, Gott befohlen! / Der Henker mag die Dichterei / beim Hemdenwaschen holen.

Reizend erscheint solcher Blick in die „Wirklichkeit" der „Entstehungsgeschichte" des großen geschichtsphilosophischen Dramas, in dem sich Schiller überall als echter Dichter zeigt, der durch menschliche Empfindungen und Vorgänge zu packen und zu wirken versteht. Keinem vor ihm war es gelungen, wie Richard Wagner von „Don Carlos" rühmt, „Menschen aus den höchsten Lebenssphären, Monarchen und spanische Granden, Königinnen und Prinzen, in den heftigsten und zartesten Affekten mit solch vornehmer, menschlicher, adliger Natürlichkeit, zugleich so fein, witzig und sinnvoll vieldeutig, so ungezwungen würdevoll, und doch so kenntlich erhaben, so drastisch ungemein sich ausdrückend" vorzuführen. Aber Schiller brauchte sich in seinem künftigen Schaffen nicht mehr durch das ernüchternde Werktagsgeräusch von Waschfrauen in seinem Geistesflug stören zu lassen, denn sein großes Drama trug ihm einen weimarischen Ratstitel und eine Berufung an den Musenhof ein.

## *In Schillers Spuren*

Die großen dichterischen Erfolge SCHILLERS brachten es mit sich, daß eine Zahl von handwerklichen Nachahmern in seinen Fußspuren billigen Ruhm zu erwerben suchte. Eines Tages, so wird berichtet, betrat Schiller das Zimmer eines solchen Freundes und fand ihn am Schreibtisch sitzend vor. Der Kopf war dem Eifrigen auf die begonnene „Dichtung" gesunken. Schiller nahm sie lächelnd zur Hand:

Die Sonne sendet ihre Strahlenspitzen
bis auf den tiefsten Meeresgrund . . .

Hier hatte die Muse gerastet. Schiller ergriff den Schreibstift, der der müden Hand entfallen war, und führte das „Kunstwerk" zu Ende:

Die Fische fangen an zu schwitzen;
o Sonne, treib es nicht zu bunt!

Leise und unbemerkt verließ er das Zimmer.

## *Schiller junior*

„Es ist ein frommer Wunsch aller Väter, das was ihnen selbst abgegangen, an den Söhnen realisiert zu sehen."

Für wie viele Väter bedeutet es nicht einen schweren Herzensverzicht, daß sich dieser fromme Wunsch, von dem Goethe in „Dichtung und Wahrheit" spricht, nicht erfüllen durfte oder daß der Sohn nicht an des Vaters Leistung heranreicht. Goethe selbst hat es erleben müssen, daß sein Sohn August sich nicht so entwickelte, wie der Vater es erhofft haben mochte; und August selbst, „nicht begabt genug, um Großes zu leisten, und wiederum nicht anspruchslos genug, mit Kleinem zufrieden zu sein", litt sehr unter dem Gefühl, überall nur „der Sohn seines Vaters" zu sein.

Auch FRIEDRICH SCHILLERs Sohn scheint von der dichterischen Beschwingtheit des großen Vaters nicht sonderlich viel auf den Lebensweg mitbekommen zu haben. Er liebte den Wald und wandte sich der Forstlaufbahn zu. „Mein Vater", soll der Oberförster von Schiller geäußert haben, „hat ja wunderschöne Gedichte gemacht, aber vom Forstwesen hatte er keine Ahnung."

## *Schwangerschaft?*

Wenn von CARLO SCHMID, dem langjährigen Vizepräsidenten des Bundestags, erzählt wird, darf die weitverbreitete Anekdote nicht fehlen, die – ob „wahr" oder nicht – mit ihrer Kennzeichnung seiner schlagfertigen Selbstironie wie auch wegen der zutreffenden Faktizität seiner Wohlbeleibtheit als „gut erfunden" für die legendäre Scharfsinnigkeit des homme de lettres gelten darf.

Als Carlo Schmid einst – er wollte seine Tochter abholen – auf dem Flur einer Schule, das Pausenzeichen abwartend, auf und ab ging, sprach ihn eine vorbeikommende Lehrerin an: „Erwarten Sie ein Kind?"

Betroffen tuend, blickte der geistreiche Spötter auf seinen Körperumfang hinab und wehrte lächelnd ab: „Nein, nein, ich bin immer so!"

## Aus dem Ärmel zu schütteln

Der Dichter FRIEDRICH SCHUBART, aus dem Landkreis Schwäbisch Hall stammend, mußte für seine revolutionäre Betätigung hart büßen, ein Jahrzehnt lang saß er in strenger Haft auf dem Hohenasperg. Als vielseitiger Literat war er mit seiner volksliedhaften Sturm-und-Drang-Lyrik sehr beliebt.

Als er einst als Gast eines Dorfpfarrers mit dem Hausherrn durch die Felder spazieren ging, bat dieser ihn um ein Stimmungsgedicht: „Die idyllische Landschaft wird Ihnen sicherlich wie von selbst Verse eingeben", meinte der Pfarrer treuherzig.

Schubart ließ die naive Aufforderung gelten, blickte über den Acker, der gerade frisch gedüngt war, und improvisierte lächelnd:

„Ich seh hier voll Begaischderung
viel hundert Häufle Kälblesdung."


## Wenn Dichter trinken

Der Dichter SCHUBART, Revolutionär der Schillerzeit, liebte den Wein seiner schwäbischen Heimat. Einst hatte er auf einer Gesellschaft eine Tischdame, die sich ebenfalls für eine Dichterin hielt und die dem geistreichen Nachbarn verseschmiedend zuprostete:

„Meister, seht, zu Eurer Ehr'
trinke ich mein Gläschen leer!"

Schubart zögerte nicht mit der Antwort:

„Schau', das freut mich königlich,
daß die Jungfer säuft wie ich!"


## Kleines Mißverständnis

Theobald Kerner, der Sohn des Dichters, erzählt in seinen Erinnerungen mancherlei kleine Begebenheiten, die den „heiteren Ernst" und die „frohgemute Herzlichkeit", wie sie im Kernerhause herrschte, kennzeichnen. Stets stand das Haus den Gästen offen, und wenn gar die guten Freunde aus alten Tagen Einkehr hielten, herrschte eitel Freude und gute Laune.

Bei solchem Besuch war es, daß der junge Theobald in jugendlichem Übermut einen Scherz aisheckte, der noch später von den Beteiligten weidlich belacht wurde. Die Gäste, Uhland, GUSTAV SCHWAB und Karl Mayer, waren nach dem guten Mittagessen — Körbelsuppe, Ochsenfleisch mit Gurkensalat, Leberknöpfe mit Zwiebelsauce und Kopfsalat — müde geworden und zogen sich zur Mittagsrast zurück. Schwab, Oberkirchenrat und Verfasser der „Schönsten Sagen des klassischen Altertums" und bekannt durch Gedichte wie „Urahne, Großmutter, Mutter und Kind", war in der Gartenlaube zu kurzem Schläfchen eingenickt.

Da erschien am Haustor ein dunkelgekleideter Herr, verschwitzt durch den Fußweg von Heilbronn her, und fragte nach dem Doktor Kerner. Der junge Theobald empfing ihn. „Ich bin ein großer Verehrer seiner Werke, besonders der spiritistischen", erklärte der Fremde, „und bin gekommen, Erfahrungen über seine Somnambulen zu hören".

„Eine Traumwandlerin hat der Vater gegenwärtig nicht da", versetzte Theobald. „Aber schauen Sie dort in der Laube den älteren Herrn: der ist somnambul und liegt gerade in magnetischem Schlafe. Wenn Sie ihm vorsichtig die rechte Hand auf das Herz, die andere auf die Stirne legen und ihn dabei laut anreden, wird er Ihnen auf Ihre Fragen antworten."

Der Erfolg übertraf alle Erwartungen. Schwab war der Meinung, daß ein Dieb ihn überfalle, und packte den würdigen Herrn mit groben Schimpfworten am Halse. Kerner, Uhland und Mayer eilten auf das Geschrei zur Hilfe und schlichteten mit Mühe den Streit der beiden, die, immer noch nach erklärenden Worten ringend, sich schweißtriefend und schnaufend gegenübersaßen.

Nach der friedlichen Erklärung des Mißverständnisses und der gegenseitigen Vorstellung äußerte der Besucher, ein Schulrat aus Frankfurt am Main, seine übergroße Freude, sich dem Verfasser der „Seherin von Prevorst" gegenüber und mitten im schwäbischen Dichterwald zu sehen, und blieb längere Zeit im Dichterhaus zu Gast. Den Oberkonsistorialrat Schwab aber, so berichtet der Urheber des scherzhaften Mißverständnisses, schlug noch längere Zeit das Gewissen, den würdigen Herrn Schulrat einen Halunken genannt zu haben.[9]

## Prekäre Testprüfung

Bei der Besetzung des MP-Postens in Baden-Württemberg tritt die Frage, ob Schwabe oder Badener, mehr und mehr zurück, ein Zeichen für das Zusammenwachsen der beiden Stämme. Kiesinger z. B. ist Schwabe, Filbinger Badener. Daß der in Sigmaringen geborene LOTHAR SPÄTH, bereits 30jährig Bürgermeister von Bietigheim und als Senkrechtstarter dann mit vierzig Ministerpräsident des SW-Staates, echter Schwabe ist, kennzeichnet schon sein Spitzname „Schwertgosch" – wobei allerdings auch die Badener diese Bezeichnung verwenden, und zwar als Ausdruck ironischer Zuneigung, aber auch bewundernden Respekts. Man testiert dem MP in der Tat die Mischung, die im Ländle angebracht ist: liberal mit der erforderlichen Mäßigung in Hinblick auf die Konservativen.

Als Lothar Späth als neuer MP zum „Aufsteiger des Jahres" gewählt und nach Köln in die WDR-Sendung „Ich stelle mich" eingeladen wurde, gab es Testprüfungen diffiziler Art: „aus einer Weinprobe von vier Sorten seinen trockenen Lieblingsrotwein herauszuschmecken, unter vier Frauenfüßen die Beine seiner Frau Uschi auf Anhieb zu erkennen, fachgerecht die schwäbische Nationalspeise „Spätzle" vom Brett ins strudelnde Wasser zu schaben".

Lothar Späth schaffte alle differenzierten Schwierigkeiten gekonnt. Als er nach dem gelungenen Auftritt gefragt wurde, welche der Aufgaben ihm denn am schwersten gefallen sei, meinte er augenzwinkernd: „Bommel hab' i bloß bei dene Füß ghabt. Stellet euch bloß vor, was ich von der Uschi z'höre bekomme hätt, wenn ich statt ihrer auf die Füß von Annemarie Renger getippt hätt!"[2]

## Freiburgs Polizei und seine Professoren

Von dem Freiburger Zoologieprofessor SPEMANN, dem berühmten Entwicklungsphysiologen und Nobelpreisträger von 1935, wird berichtet, er habe einst nach einer ihm zu Ehren veranstalteten Festivität mit erheblichem Weinkonsum seinen Wagen heimwärts gelenkt und sei dabei einer Verkehrsstreife durch sein niedriges Tempo aufgefallen. Auf die Frage, warum er denn so langsam fahre, sei eine im Umgang mit Ordnungshütern etwas ungewöhnliche Antwort erfolgt: ,,Wenn ihr so b'soffe wäret wie i, da dädet ihr überhaupt nimmer fahre!"

Aber dies ist nicht die anekdotische Pointe, sondern die echt freiburgische Reaktion der Uniformierten, die sie so liebenswert macht: Einer der Polizisten setzte sich ans Steuer und kutschierte den Professor, dessen Handlungseinschränkung wegen der ihm zu Ehren veranstalteten Feier exkulpiert erschien, wohlbehütet zu seiner Behausung.[1]

## *Ausgleich*

DAVID FRIEDRICH STRAUSS, der mit seinem aufsehenerregenden ,,Leben Jesu" an die Stelle des Bibelglaubens an den historischen Jesus die Wahrheit des Christentums in der ,,Idee von der Menschwerdung des Absoluten" sehen wollte, stand in freundschaftlichen Beziehungen zu Justinus Kerner, der ebenfalls in Ludwigsburg geboren war. Häufig besuchte er den zwei Jahrzehnte älteren Landsmann in Weinsberg, und immer wieder waren die beiden so verschieden orientierten Geister sogleich im Streitgespräch; Strauß war mit seiner dialektischen Denkweise eines evolutionalistischen Materialismus natürlich ein erklärter Gegner der okkultistischen Neigungen des Freundes.

,,Jedesmal wenn ich hier erscheine", erklärte er dem Verfasser der ,,Seherin von Prevorst" bei einem Besuch, ,,ist es mit Ihrem Aberglauben ärger geworden!"

Kerner ließ sich nicht beirren: ,,Sie zwingen mich dazu, lieber Freund", erklärte er ungerührt. ,,Je mehr Mythen Sie aus der Welt schaffen, desto mehr setze ich wieder in sie hinein – so verbleibt unsere Welt im Gleichgewicht!"[7]

## *Ausländerverkehr*

Die Schriftstellerin AUGUSTE SUPPER, einst weithin beliebt mit ihren heimatverbundenen, volkstümlich-humorvollen Romanen aus dem schwäbischen Volksleben, berichtet von dem

Verhältnis ihrer Landsleute zum Badischen wie zum Gesamtdeutschen:

An der Glastür empfing's Luisle, ihre Haushilfe, eine alte Dame aus Norddeutschland, die Auguste Supper besuchen wollte. Das biedere Mädchen verstand kein Wort aus dem Munde der Schriftdeutschen und kam aufgeregt zu ihrer Herrin hereingestürzt: „'s isch e G'spässige draußle, i han's et v'rschdande, die schwätzet badisch oder englisch."

## *Für Sie hätte ein Schaf genügt!*

Ahnendes Verständnis für die Tierseele und menschliche Bereitschaft, das Tier als ernstzunehmendes Wesen anzuerkennen, spricht aus dem humorvollen Bericht, den HANS THOMA, der große Maler deutscher Landschaft, von seinem Hunde gibt:

„Ein junger Hund mit intelligentem Kopf und klugen Augen, mit ungestutztem Schweif und Ohren, die ein ausdrucksvolles Gebärdenspiel ermöglichen, hat mir eine Zeitlang viel zu schaffen gemacht; ich wollte das kluge, muntere Tier erziehen, wie ich es brauchen könnte. Vor allem wollte ich ihm das ungestüme Bellen abgewöhnen, womit er jeden Ankömmling belästigte. Ich stellte ihn mit der Peitsche in der Hand zur Rede und verbot ihm sein Bellen. Er wedelte mit dem ganzen Körper und sah mich treuherzig-furchtsam an . . . In diesem Augenblick kam die Gabe, die Tiersprache zu verstehen, über mich. ‚Herr Professor', sagte das Vieh, ‚wenn Sie das Bellen nicht dulden wollen, dann hätten Sie sich keinen Hund anschaffen sollen. Für Sie hätte ein Schaf genügt.'

Ich mußte dies ruhig einstecken und die Peitsche auch. Flock reichte mir zur Versöhnung das Pfötchen, und aus seinem leisen Winseln erklang's wie eine uralte Klage, mit der er mich darum beneidete, daß ich den Vorzug einer Hand habe und er nur Pfoten."[21]

## Problematisches Portraitmalen

Es ist dem „Hirtenbüblein" aus dem stillen Dorf im schönen Hochtal des „schwärzesten Schwarzwaldes" recht schwer geworden, den Weg zu seinem wahren Wesen zu finden. Schon früh schickte der Vater den Jungen, dessen kindliche Heiligen- und Legendenbilder die Eltern, den Lehrer und die Nachbarschaft in Erstaunen setzten, nach Basel zu einem Lithographen. Aber weder dort noch in der Malerlehre hielt er es zur Enttäuschung der Eltern aus. Jede freie Minute brachte der kunsthungrige Junge in den Gemäldesälen zu – „Der Bub hat zu feine Hände für das Anstreichergeschäft", meinte der biedere Malermeister.

Zwanzig Jahre war er alt, als er, etwas bäuerlich ungewandt und voll aufgeregter Spannung, sich im Jahre 1859 beim Direktor der neugegründeten Karlsruher Kunstakademie vorstellte, zu der ihn ein Stipendium des Großherzogs geführt hatte. Wer hätte damals zu ahnen gewagt, daß dieser Schwarzwälder Bauernbub ein Menschenalter später in das gleiche Amt eines Kunstschulprofessors und Galeriedirektors berufen werden würde?

In seinen Erinnerungen, in denen HANS THOMA in lächelnder Altersweisheit auf sein künstlerisches Lebenswerk zurückblickt, auf seine Landschaftsmalerei, auf die großen biblischen und allegorischen Gemälde, spricht er auch über die menschlichen Erlebnisse und Erfahrungen, die er beim Porträtmalen machte. „Ein gutes Bild", sagte er, „wird fast nie zur Zufriedenheit des Bestellers ausfallen." Als er einst den Auftrag erhielt, eine befreundete Dame zu malen, riet ihm der Maler Wilhelm Trübner, der wie Thoma Professor an der Kunstakademie in Karlsruhe war, sehr dringend ab: „Tun Sie das lieber nicht", sagte er, „Porträtmalen zerstört die Freundschaft!"[20]

## Thoma-Salat

Auf Kunstausstellungen war es in jener Zeit nicht möglich, THOMAs „grüne" Gemälde anzubringen, und selbst die Karlsruher Akademie, die den Sechzigjährigen zum Kunstprofessor und Direktor machte, wollte ihn nicht gelten lassen.

Der große Maler gab seine Antwort, indem er unbeirrt fortfuhr, seiner Kunst zu dienen. Mit der unübertrefflichen Sorgfalt, die er auf die Erfassung der plastischen und malerischen Erscheinung verwendete, adelte er – besonders in seinen Stilleben – den einfachsten Gegenstand zu höchstem Kunstausdruck. Seine größte Leistung erreichte er, wo er mit heller Beobachtungskraft die ,,Wirklichkeit" erlebte. Der heimatliche Schwarzwald, den er so geliebt hat, wie die Taunus- und die Rheinlandschaft finden in Thomas Gemälden den Charakter unerreichter Allgemeingültigkeit, ebenso wie aus den bäuerlichen Motiven seiner Figurenbilder Menschentum voll schlichter Werte spricht.

Und die Kritik der bürgerlichen Gesellschaft? So groß war damals ihre Überheblichkeit, daß man sich geistreich vorkam, grünen Salat als ,,Thoma-Salat" zu bezeichnen.

## *Bitte nicht verwechseln*

Wie fast alle großen Künstler, die neue Wege zu betreten wagen, mußte HANS THOMA lange Zeit sehr schwer um Anerkennung ringen. Seit 1871 in Frankfurt, wo er den Höhepunkt seines Schaffens erleben durfte, fand er in verschiedenen Bürgerhäusern und im Café Bauer die Möglichkeit, seine Gemälde, wie es das Ziel jedes Künstlers ist, unmittelbar auf die Wandfläche zu malen. Dem Frankfurter kunstverständigen Publikum erschien es damals durchaus in der Ordnung, daß der Anstreicher, der dort die Malerarbeiten ausführte, ,,zur Wahrung seiner Interessen" in allen Frankfurter Zeitungen eine Anzeige veröffentlichte: ,,Um Mißverständnissen vorzubeugen, gebe ich hiermit bekannt, daß die Bilder im Café Bauer nicht von mir sind. Ergebenst X., Malermeister."

## *Nur ein kleiner Unterschied*

Man kennt ihn als Erzähler und Essayisten, THADDÄUS TROLL, der mit seiner geistreichen Satire ungezählte Leser zum Schmunzeln gebracht hat und der sich mit seinem ,,Deutschland, deine Schwaben" als berufenen Sprecher seiner Heimat ausweist. Der Name stellt in Wirklichkeit ein Pseudonym dar, denn bürgerlich hieß der in Stuttgart Geborene Hans Bayer.

Im Berufsverband deutscher Schriftsteller hat sich T. T. führend für seine Autorenkollegen und die Besserung ihrer Arbeitsbedingungen eingesetzt.

„Kennen Sie den Unterschied zwischen einem Schriftsteller und einem Kellner?" fragte er im Streitgespräch einst den Partner, und als dieser verneinte, stimmte er ihm wohlwollend zu: „Da haben Sie natürlich recht, es besteht nämlich kein bzw. kaum ein Unterschied. Beide bekommen 10 Prozent für ihre Leistung, der eine als Hersteller, der andere als Hinsteller der Ware."

## *Trefflich gewürdigt − trefflich überlistet*

Die Jahre, die Hans Thoma und Wilhelm TRÜBNER in Karlsruhe wirkten, bescherten dieser badischen Kunstakademie eine bedeutsame Blütezeit. Trübner fand damals seinen persönlichen Stil in der Hinwendung zum Impressionismus.

Er selber berichtete von einem Erlebnis, das eine treffliche Würdigung seiner Kunst bedeutet: Als er einst im Odenwald nach der Natur malte, kiebitzte ein Spaziergänger geduldig hinter seinem Rücken, Trübners saftigen Pinselstrich auf sich wirken lassend. Schließlich wandte sich der Beobachter ab, nicht ohne sein Urteil zu hinterlassen: „Gar nicht so schlecht, was Sie da zuwege bringen", meinte er anerkennend. „Ich kann's beurteilen, ich male nämlich als Dilettant auch gelegentlich."

Später wandelte sich solche naive Wertschätzung ganz erheblich, auch in materieller Hinsicht. Da war beispielsweise der Besitzer eines unsignierten Trübner-Gemäldes, dem an einer Anerkennung der Echtheit gelegen war. Er schickte dem Maler ein Foto mit der Anfrage, ob es sich hier um ein Werk seines Pinsels handele, und mit der Bitte, bejahendenfalls seine Unterschrift zu geben. Trübner, einem zusätzlichen Honorar nicht abgeneigt, bestätigte in seinem Antwortbrief die Echtheit des Gemäldes und erklärte sich − gegen eine Gebühr von 200,− Mark − bereit, es nachträglich zu signieren.

Postwendend traf die Stellungnahme des Besitzers ein: Er habe sich die Sache anders überlegt und verzichte nun auf die Signatur des Meisters, denn er habe einfach den mit Dank erhaltenen Brief auf die Rückseite des Bildes geklebt . . .

## *Bedauerliches Erscheinen?*

Bei der Herausgabe seiner Gedichte im Jahr 1815 spielte der Druckfehlerteufel dem Dichter LUDWIG UHLAND einen argen Streich. Die Widmung beginnt mit den Versen:
„Lieder sind wir; unser Vater
schick uns in die weite Welt."

Als Uhland den Druckabzug erhielt, mußte er feststellen, daß im ersten Wort ein „i" fehlte: „Leder sind wir". „Das wollen wir von meinen Versen doch nicht hoffen", lächelte der Dichter in gutmütiger Nachsicht und setzte sein Korrekturzeichen mit der Anweisung, das sinnentstellende „i" nachzufügen. Und was machte der Setzerkobold daraus? Als die erste Ausgabe der Gedichte erschien, begann die poetische Vorrede mit dem Widmungsvers: „Leider sind wir . . ."

Es wird berichtet, daß der sonst so gemütsruhige Schwabe diesmal weder gutmütig noch nachsichtig gelächelt habe.


## *Betrüblicher Zeitgeist*

Nach einer sonntäglichen Wanderung, die UHLAND einst im Kreis der Freunde durch die Alb gemacht hatte, kehrte man von Pfullingen her in Reutlingen ein. Beim Anblick der alten Reichsstadt, die der Dichter in so vielen seiner Balladen besungen hat, hemmte Gustav Schwab den Schritt und rezitierte begeistert die Verse des Dichterfreundes:
„Wie haben da die Gerber
so meisterlich gegerbt!"

Osiander, der Professor, fiel sogleich ein:
„Wie haben da die Färber
so blutigrot gefärbt!"

Uhland selbst aber lächelte milde beim Gedanken an die geschäftige Betriebsamkeit des zeitgenössischen Reutlingen, schriftstellerische Werke ohne Genehmigung und ohne Honorar nachzudrucken, und dann setzte er improvisierend hinzu:
„Wie haben da die Drucker
so schändlich nachgedruckt
und manchem armen Schlucker
das Honorar verschluckt!"

## Mit eigenen Waffen geschlagen

Als Abgeordneter im württembergischen Landtag erlebte UHLAND einst den Antrag eines Kammerkollegen, die Sitzungen jeweils mit einem Gebet zu eröffnen. Der Tübinger Professor hatte daran keinen Gefallen und, sonst ziemlich zurückhaltend, meldete sich mit einem Gegenantrag zu Wort. Sehr überzeugend gelang es ihm, den pietistisch gesinnten Abgeordneten zum Rückzug zu bewegen, indem er sich mit seinem Gegenargument auf die Heilige Schrift stützte: „In der Bibel steht geschrieben: ‚Wenn du betest, so geh in dein Kämmerlein‘, – aber nicht: in die Kammer!"

## Ehrenhalber hinausgeworfen

Im „Museum" zu Tübingen fand im Jahre 1853 ein Kongreß statt, zu dem sich Naturforscher aus allen Gegenden Deutschlands eingefunden hatten. Tübingens Professoren aller Fakultäten waren mit einer großen Zahl von Ehrengästen erschienen.

„Da wir uns hier in der Heimat unseres hochverehrten Dichters LUDWIG UHLAND befinden", nahm einer der Gelehrten das Wort, „scheint es nicht unangebracht, des Künders deutscher Freiheit zu gedenken."

„Das Fest gilt den Naturforschern, nicht den Dichtern", unterbrach eine klare Stimme den Lobredner. Unter den Anwesenden gab es stärkste Unruhe. „Wer spricht so ungehörig!" erklangen empörte Stimmen. Einer der norddeutschen Verehrer des Dichters geriet in solchen Zorn, daß er impulsiv ausrief: „Werft den Kerl doch hinaus! Unser Uhland soll leben!" Mehrere Hochrufer schlossen sich an: „Hoch unser Uhland!"

Die spontane Demonstration endete in allgemeiner Heiterkeit, als bekannt wurde, wer den Zuruf gewagt hatte. Es war niemand anders als Ludwig Uhland selber, der sich unter den Ehrengästen befand. Am meisten lachte er selber über solche handgreiflichen Beweise treuer Verehrung, und beim Nachhausekommen stimmte seine Frau in seine Heiterkeit ein: Uhland, der Sänger der Ballade, war von seinen Anhängern beinahe ehrenhalber hinausgeworfen worden!

## Zu späte Einsicht

Auf einem Besuch im Dichterhaus in Weinsberg, wo sich LUDWIG UHLAND des öfteren einige Tage zur Erholung und zu fröhlichem Gedankenaustausch aufhielt, berichtete er seinem Freunde Justinus Kerner einst von einer wohlgemeinten Ehrung der Tübinger Studenten, der er indes nicht vorbehaltlose Dankbarkeit entgegenzubringen vermochte.

Neben seinem Hause am Neckar befand sich die Eiferei, ein Wirtslokal, in der die Burschenschaft verkehrte. „Oft mitten in der Nacht", so klagte der Dichter dem Freunde, „wenn ich im Lesen vertieft bin oder gerade einschlafen will, singen sie mit lauter Stimme mein Lied ‚Wenn heut ein Geist herniederstiege' und schenken mir keinen Vers; ich muß unwillkürlich zuhören und denke häufig: Wenn ich gewußt hätte, daß mein Lied so lang und so breit gesungen wird, hätte ich es lieber um ein paar Verse kürzer gemacht!"

## Stolze Überlieferung

Ein Jahrzehnt nach seinem Tod erhielt LUDWIG UHLAND von seiner dankbaren Heimatstadt ein Denkmal gesetzt, ein überlebensgroßes, sehr wirklichkeitsgetreues Standbild auf einem kleinen Rundplatz in Neckarnähe, den die Studenten in zurückliegender Zeit vor ihrer Ausfahrt im Kutschwagen dreimal singend zu umkreisen pflegten.

Zur Einweihung des Denkmals damals im Jahr 1873 drängten sich die Verehrer seiner Kunst, es war wie ein Volksfest. Unter den Besuchern befand sich eine Bauersfrau, die alle Umstehenden stolz daran erinnerte, daß sie als junges Mädchen dem Dichter täglich die Milch ins Haus geliefert habe. Auch sie äußerte sich sehr angetan über die sprechende Ähnlichkeit des Kunstwerks: „G'nauso hot'r usgsähe, dr Herr Professor!"

Und als jemand von der redseligen Alten wissen wollte, ob der berühmte Mann denn auch jemals mit ihr gesprochen habe, bestätigte sie in stolzer Erinnerung: „G'wieß, g'wieß! Ällemal hot'r zua mr gsait: ‚Luisle', hot'r gsait, ‚hent'r heit wiadr Wass'r in d'Milli nei doh?'"

## Glück und Betrübnis nebeneinander

Professor FRIEDRICH THEODOR VISCHER, der einer der eigenwilligsten Geister seiner Zeit war, hatte mit seiner Freigeisterei mehrfach das Mißfallen der Regierung erregt und wurde schließlich für zwei Jahre von seinem Lehramt an der Tübinger Universität suspendiert. Das Reskript dieser Maßregelung traf zu einem für ihn bedeutsamen Zeitpunkt ein, denn gerade an jenem Tag wurde ihm ein Sohn geboren.

Vor seinen Studenten gab der Professor den Zusammenfall zweier für ihn so wichtiger Ereignisse in sprachlicher Straffung bekannt: „Meine Herren", so eröffnete er die Vorlesung: „Ich habe heute einen großen Wischer und einen kleinen Vischer bekommen."


## Einseitiges Zwiegespräch des Philosophen

Als FRIEDRICH THEODOR VISCHER 1848 in Frankfurt – er war dort liberaler Abgeordneter der Nationalversammlung – den Zoologischen Garten besuchte, fiel ihm die Physiognomie des Gorilla auf, der hinter seinen Gitterstäben, offensichtlich sehr mißmutig, vor sich hin starrte. Der Gast aus dem Schwabenland versuchte ein Gespräch mit dem hochgewachsenen Affentier, bekam jedoch keine Antwort. Schließlich wandte sich der Professor zum Gehen und nahm Abschied: „Gelt du, bischt bedrübt, daß du's Exame zum Mensche net beschdande hascht!"


## Allzu wörtlich genommen

In einer Professorengesellschaft ergab sich einst eine erregte Unterhaltung über einen Kirchendiebstahl in Stuttgart, bei dem viel Wertvolles abhanden gekommen war. VISCHER hielt sich mit seiner Auffassung überlegen zurück. Als man ihn schließlich drängte, seine Stellungnahme zu geben, sprach aus der Äußerung sehr geistreich seine Einstellung gegenüber dem materiellen Aufwand, den die Kirche trieb: „Ich meine", erklärte er lächelnd, ,,hier findet man mal realiter ein wenig von dem verwirklicht, was von so vielen Seiten schon lange gewünscht wird, nämlich die Trennung des ‚Staates' von der Kirche."

## *Etappe auf Gottes Weltgang*

Wer ,,Auch Einer" gelesen hat, lernt in Albert Einhart, dem Helden des Romans, seinen Autor FRIEDRICH THEODOR VISCHER kennen, den großen Ästhetiker, seine leidenschaftliche Tierliebe und seinen kompromißlosen Protest gegen alle Tierquälerei. ,,Eine der liebenswürdigsten Etappen auf Gottes Weltgang vom Guten zum Besseren", erklärt er einmal, ,,ist die Schöpfung des Hundes."

Entsprechend versteht der Herr Bezirkspolizeidirektor a. D. die Seele des Hundes zu deuten: ,,Wieviel wedelt doch so ein Hund den Tag über! Wenn man bedenkt, daß jedes Wedeln eine heitere oder wohlwollende Empfindung ausdrückt, wenn man dann beobachtet, wie oft ein Hund wedelt: Wieviel Herzensfreude, wieviel Menschenliebe, Güte zieht also den lieben, langen Tag durch so eine Hundeseele! Auch wieviel Humor, denn das Wedeln ist ja auch Surrogat für Lachen."

So wird es ihm schwer, seinen Dachshund, den Igelmeyer, zu bestrafen, weil er angeblich ,,polizeiwidrig" gehandelt hat, indem er Wagen anbellte und Pferde scheu machte. ,,Er handelt in der tiefsten Überzeugung, recht zu tun, der öffentlichen Ordnung zu dienen", sagt sein Herr zur Entschuldigung des Tieres, denn wie sein Hund ist er gegen das schnelle Fahren in den Städten, das auch in seinen Augen eigentlich ,,Unfug, Unverschämtheit gegen die Fußgänger, Beschämung, Beleidigung" ist. ,,Er schläft nach solcher Tat den Schlummer des Gerechten. O wie rührend ist so ein gutes, ehrliches Hundsgesicht im Schlaf!"[21]

## ,,*Löwengebrüll*"

FRIEDRICH THEODOR VISCHER, der als einer der stärksten deutschen Denker zu gelten hat, war nicht nur der tragikomische Idealist, wie er sich in so manchen autobiographischen

Zügen seines parodistischen Romans „Auch Einer" manifestiert. Er war auch nicht nur zerstreuter Professor oder gutmütiges Rauhbein, als das ihn viele kannten. Eines seiner Lieblingsworte war „Berserkerwut", und diese verwirklichte er, wo es nötig erschien, in einem „Löwengebrüll".

Ein Brief von einer Italienreise im Jahr 1870, in dem er über seine Auseinandersetzung mit dem Kutscher berichtet, beleuchtet zugleich Temperament und Tierliebe des schwäbischen Professors der Ästhetik:

„Der Vetturin [= Kutscher] hatte nach einer sechsstündigen Fahrt und während vierstündiger Rast seine Pferde nicht trinken lassen. Als ich ausstieg, verlangte er ein Trinkgeld. Ich sagte ihm, er brauche nicht zu trinken, da er die armen Pferde habe schmachten lassen. Er erwiderte in groben Ausdrücken, ich verstehe mich nicht auf die Behandlung der Pferde, das Trinken wäre ihnen schädlich gewesen. Ich hieß ihn eine Bestie; er warf mir höhnisch Weichherzigkeit vor, und ich, weder geneigt, mich mit ihm herumzuschlagen noch mir seine Insulte gefallen zu lassen, gab ihm einen Faustschlag aufs Maul. Er wurde still und griff in die Tasche an das Heft eines Messers; ich trat zwei Schritte zurück, griff auch in die Tasche und ließ den Hahn eines Terzerols knacken, worauf er sich eines Besseren besann und fortfuhr."


## *Professor als postillon d'amour*

FRIEDRICH THEODOR VISCHER, der berühmte Ästhetiker, begegnete einst auf einer Italienreise in Bologna einem Trupp der päpstlichen Garde, dessen Trommler ihm auffällig erschien. Da sprach der Mann in der bunten Tracht ihn an: „I mein' als, der Herr mües e Landsmann von mir sei': i ben von Ulm." Es gab eine herzliche Begrüßung der beiden württembergischen Landsleute in dem fremden Land. Zutraulich bat der Trommler: „I hätt gern en Brief b'sorgt an mei' Rickele dahoim; 's goht so schwer oiner oneröffnet hie durch. Wäret Se net so guet un tätet mer en Brief mit nemme, wann Se wieder hoim ganget?"

Der Professor erklärte sich gern bereit, den Liebesboten zwischen dem päpstlichen Trommler und seinem geliebten Rickele zu spielen.

## *Nur Unkenntnis schützt vor Blamage*

Nach der triumphalen „Ring"-Inszenierung in Bayreuth bemühten sich landesweit Bühnen um die Aufführungsrechte. Angelo Neumann mit seinem RICHARD-WAGNER-Theater hatte soeben mit dem Karlsruher Hoftheater abgeschlossen und war an einer anschließenden Aufführung in Stuttgart interessiert. Doch da fand er hartnäckige Ablehnung bei Württembergs Staatsminister von Gunzert, der sich zu der „Partei" der Anti-Wagnerianer bekannte. In der Verhandlung ließ sich der allmächtige Minister schließlich zu einem Kompromiß herbei: „Wisset Se was", lenkte er ein, „Se gebbet ja nägschde Woch' die Nibelunge in Karlsruh'. Reservieret Se mer en Platz, da komm 'i ins Badische niber und hör mer dees aa. G'fallt's mer, da wolle mer de Nibelunge au hier bei ons en Schdueget schbiele – g'fallet se mer net, da geb' i se halt net."

Neumann dankte lächelnd für das, was der selbstbewußte Staatsminister für Entgegenkommen halten mochte, und winkte höflich ab: „Dann würde ich Exzellenz raten, sich nicht solcher Gefahr auszusetzen und doch lieber schon jetzt die Ablehnung auszusprechen . . ." Und auf dessen überraschende Frage nach dem Warum fuhr der Theatermann fort: „Weil ich Exzellenz vor einem künftigen Geschichtsurteil wohlmeinend bewahren möchte. Da könnte es nämlich in späteren Tagen lauten: Der Staatsminister von Gunzert hat Wagners ‚Ring des Nibelungen' abgelehnt, nachdem er das Werk gehört hat. Tun Sie das jedoch, ohne es zu kennen, so gilt das für Sie als Exkulpation!"

Betroffen von solcher Argumentation schloß der Minister die Verhandlung: „'s isch reacht so! Kommet Se, mache mer die Verträg'!"

## *Homonymität*

Wenn nicht wahr, so doch gut erfunden soll eine Anekdote sein. Ob ben trovato, mag für den hier folgenden Bericht der Leser entscheiden, der Autor vermag sich nicht zu verbürgen.

Bei einer Informationsreise badischer Politiker nach London unter Führung des Regierungspräsidenten WAELDIN habe auf dem Programm auch eine Besichtigung des Stadtteils Soho gestanden, in dem sich der Tätigkeitsbereich der Londoner Gunstgewerblerinnen ausbreitet.

Zu ihrer Berufswerbung gehört bekanntlich, daß sie Besucher ansprechen, und so näherte sich eine der Damen dem Regierungspräsidenten aus dem Badener Land mit der geschäftsanknüpfenden Frage: „Sex hour?" Der Angesprochene mochte annehmen, hier im britischen Inselreich einer Landsmännin zu begegnen, die sich mit ihrem heimatlichen Namen Sexauer vorstellte – jedenfalls zog er höflich seinen Hut und entgegnete: „Freut mich sehr, mein Name ist Waeldin!"[1]

## *Bedenklicher Einwand*

In Württembergs Universitätsstadt Tübingen, die reich ist an schwäbischen Originalen, lebte der Rechtsanwalt WETZEL, der sich als Eingeborener ausgezeichnet auf den Umgang mit seinem Klientenkreis verstand.

Einst, so wird berichtet, kam ein Bürger aufgeregt zu ihm, um Klage gegen einen Nachbarn anzustrengen. „Denken Sie, Herr Doktor", sagte er empört, „der Epplinger Karl hat von mir g'sagt, i sei das größte Rindvieh, wo in Diebenga rumlauft! Dees laß i mir net g'falle! I verlang mei Recht!"

Der Anwalt kannte seine Tübinger zu gut, um nicht auch hier einen Ausweg zu wissen. Selbstverständlich, erklärte er, sei er gern bereit, die gerichtliche Vertretung zu übernehmen. Zugleich aber riet er dem aufgeregten Bürger dringend ab, eine solche Klage anzustrengen. „Wisset Se", sagte er, „der Epplinger goht daher un bringt d'r Wahrheitsbeweis. Was wellet Se dagege mache?"

Der Einwand leuchtete dem prozeßsüchtigen Herrn ein, und er hielt es für geraten, von einer Klageerhebung Abstand zu nehmen.

## *Ungefährdet*

CHRISTOPH WIELAND entstammte einer schwäbischen Pfarrerfamilie echt pietistischer Färbung, doch der Zeitgeist entführte ihn bald aus diesem idyllischen, selbstbescheidenen Lebenskreis in die aufgeklärte Welt weltoffener Sinnenfreude. In der Heimat hielt man ihn für einen am Leben Verdorbenen.

Eines Tages hatte er den Besuch eines Amtsbruders seines verstorbenen Vaters, der den Abtrünnigen zurückzugewinnen suchte. Er hielt ihm das Frivole der weltmännischen Lebenskultur vor Augen, von der er sich habe umgarnen lassen. Wieland schwieg aus Höflichkeit dem Älteren gegenüber. Doch der ließ stärkeres Geschütz auffahren, um überzeugend zu wirken: „Denken Sie an Ihre unmündigen Töchter, die noch im Stande der Unschuld leben – was soll geschehen, wenn ihnen Ihre schlüpfrigen Verse in die Hände geraten?"

Wieland wußte auch jetzt seinen Unmut zu zügeln. „Sie dürfen unbesorgt sein, Hochwürden", erklärte er unbeirrt, und bat damit um Abschluß des Gesprächs: „Die Moral, zu der wir unsere Töchter erziehen, ist so gefestigt, daß sie sich durch die Lektüre meiner armseligen Schriften nicht anfechten läßt."


## *Jugend und Schönheit vergeht*

Zum schwäbischen Dichterkreis der Uhland-Zeit gehörte auch OTTILIE WILDERMUTH, die mit ihren gemütsbetonten, humorvollen Heimaterzählungen religiöser Färbung einen anhänglichen Leserkreis hatte. Mit diesem Humor aus heiler Zeit wußte sie auch ihre Aufgaben als Hausfrau und Mutter beim Töpfen der Kinderschar wie beim Strümpfestopfen zu vergolden – auch wenn es mal auf eigene Kosten vor sich ging.

So berichtete sie Freund Kerner, dem Dichterkollegen, einst von der Begegnung mit einer Bauersfrau von der Alb, die ihr ländliche Erzeugnisse ins Haus lieferte. In ihrer volkstümlichen Schlichtheit hatte die Dichterin sie ins Wohnzimmer gebeten, wo ein Jugendbildnis von ihr hing.

Die Frau machte kein Hehl aus ihrer Verwunderung, als sie erfuhr, wen das Gemälde darstelle, und meinte treuherzig: „O Frau Wildermuth, was doch der Mensch verwest!"

## *Landesunüblich*

Württembergs letzter Monarch, der sich 1918 auf sein Jagdschloß in Bebenhausen zurückzog, war beim Volke sehr beliebt, wegen seiner bescheidenen Zurückhaltung jedoch durchaus nicht überall bekannt. Einst hatte König WILHELM – wie sein preußisch-deutscher Kollege: der Zweite – auf einer Autofahrt in einer Gaststätte am Bodensee Station gemacht und ließ sich dort ein Glas Bier vorsetzen. Beim Aufbruch legte er ein goldenes Zehnmarkstück auf den Tisch und winkte ab, als die Kellnerin Wechselgeld zusammenzählte.

Die Bedienerin blickte den seriösen Unbekannten völlig perplex an; solche Großzügigkeit war ihr noch nie begegnet, schon gar nicht unter den Landsleuten, die so exakt mit dem Pfennig zu rechnen pflegen.

Eine Weile staunte sie den spendablen Gast in wortloser Betroffenheit an, dann aber entfuhr es ihr: ,,Gellet Se, Herr, Ihr sent awer aa net vo Schduaged!"¹⁰

## *Wohlhabender Sohn*

Unter den Originalen der weltberühmten Heidelberger Universität aus längst vergangener Zeit lebt die Erinnerung fort an den Juristen KARL SALOMO ZACHARIÄ, der es – neben seinen Einnahmen aus der Professur – durch schriftstellerische Veröffentlichungen sowie Rechtsgutachten zu einem ansehnlichen Vermögen gebracht hatte; entscheidend war dabei seine an Geiz grenzende Sparsamkeit.

So machte es ihm einst Freude, von einem Polizisten festgenommen zu werden, der die Personalangaben des verwahrlost gekleideten Spaziergängers als Fopperei ansah und ihn zum Amtshaus abführte. Als der Polizeichef den berühmten Geheimrat ehrerbietig begrüßte, schlug der Gelehrte dem fassungslosen Polizisten freundlich lächelnd auf die Schulter: ,,Sieht er wohl, guter Freund, so kann man sich irren."

Einst gingen einige Damen den Professor um eine Spende für eine wohltätige Stiftung an. Zachariä lehnte ab.

,,Aber, Herr Geheimrat", wandte da eine der Bittstellerinnen ein, ,,Ihr Herr Sohn, der Professor, hat soeben fünf Kronentaler beigesteuert." – „Mag er", gab Zachariä zurück, „mein Sohn hat auch einen reichen Vater zu beerben, ich aber bin ganz auf mich allein angewiesen."[22]

## Weder genützt noch geschadet

„Kurze Zeit vor der Jahrhundertwende", so weiß ein Besucher der schönen Stadt Stuttgart zu berichten, „saß ich in der ‚Alten Post' mit meinen Freunden, als einer von ihnen mich heimlich auf einen der Gäste im Lokal aufmerksam machte: ‚Schauen Sie mal den weißhaarigen alten Herrn dort, der ist nicht ganz gar im Oberstübchen; stellen Sie sich vor, der bildet sich ein, er könnte mit einem stählernen Schiff durch die Lüfte fliegen!'" – Der rüstige Herr mit dem rosigen Gesicht hieß GRAF ZEPPELIN.

Daß man den Erfinder des lenkbaren Luftschiffs innerhalb kurzer Zeit den „närrischen Grafen" und – wenn auch etwas übertrieben – den „größten Menschen seiner Zeit" genannt hat, hat seinem Werke weder genützt noch geschadet.

## Zug um Zug

Nach seinen mit nationaler Begeisterung aufgenommenen Erfolgen, zu denen GRAF ZEPPELIN seine Luftschiffe nach der Echterdinger Katastrophe geführt hatte, war er zum Ehrenbürger von Baden-Baden ernannt worden und feierte diese Ehrung bei einem Festbankett. Es galt zugleich einem andern Ehrenbürger, dem deutsch-brasilianischen Plantagenbesitzer Sielken, der es als Kaffeebauer in Südamerika zu enormem Wohlstand gebracht und sich damit um die Heimat verdient gemacht hatte.

Graf Zeppelin berichtete von seinen Plänen weiteren Ausbaus; im Augenblick stehe er allerdings vor finanziellen Schwierigkeiten bei dem Bau einer dringend benötigten Luftschiffhalle.

„Es wäre doch eigentlich eine erwägenswerte Idee", meinte der populäre Luftschiffer listig, „wenn wir beide uns zusammentun und uns in unserer Tätigkeit wechselweise fördern würden. Wollen wir nicht damit beginnen, indem Sie meinem Werk die noch ausstehenden 40 000 Mark stiften?"

„Das tu ich gern", versetzte der Kaffeepflanzer spontan, „aber mich würde nun interessieren, worin denn Ihre Gegenleistung besteht, mit der Sie mein Unternehmen fördern wollen."
„Sehr einfach", gab der Luftfahrtpionier leichthin zurück: „Ich werde von heute ab täglich ein paar Tassen Kaffee mehr trinken."[10]

## *Bargeldloser Nationalstolz*

Als sich im Jahre 1908 nach dem Absturz des ZEPPELINs bei Echterdingen ganz Deutschland zu begeisterter Nationalspende zusammenfand, erschien auf der Gemeindeverwaltung in Rundstedt der ärmste Mann des Dorfes und zeichnete sich entschlossen mit zehn Mark in die dort ausliegende Spendenliste ein.

Die Behörde hatte ihre nicht immer erfreulichen Erfahrungen mit dem Alten, der von den milden Gaben anderer lebte und gelegentlich auch mein und dein verwechselte, und so fragte der Gemeindeschreiber, der sich über soviel Uneigennützigkeit wunderte, dann auch etwas mißtrauisch den Spender: „Können Sie diese beträchtliche Summe denn auch bezahlen? Sie muß natürlich bar entrichtet werden."

Der Alte, der seine Erfahrungen hatte im Umgang mit geldeintreibenden Vertretern der Öffentlichkeit, meinte wenig beeindruckt: „Ich dachte, ich könnte das Geld wohl absitzen."

## *Die Schuld des Erfinders*

Dem GRAFEN ZEPPELIN war es sehr wenig recht, bei jeder Gelegenheit als Held gefeiert zu werden. Eines Tages, es war im Jahre 1916, nahm er an einer Festlichkeit in Frankfurt a. M. teil, bei der sein Tischnachbar ihn mit Ergüssen höflicher Bewunderung überschüttete. „Es muß für Sie aber doch ein furchtbarer Gedanke sein, Herr Graf", fuhr der kluge Herr dann einschränkend fort, „daß durch Ihre großartige Erfindung, die Sie sicherlich für den friedlichen Verkehr der Völker untereinander gedacht hatten, jetzt soviele Menschen den Tod finden."

Zeppelin hatte die Antwort auf solche ungereimte Äußerung sofort zur Hand. „Wie glücklich müssen Sie wohl darüber sein", meinte er langsam, „daß Sie nicht das Pulver erfunden haben!"

## Einige Herkunftsangaben

1 Vgl.: Amadeus Siebenpunkt, Deutschland deine Badener. Gruppenbild einer verzwickten Familie. 1975
2 Nach: Wolfgang Wiedemeyer, gefragt: Lothar Späth. 1979
3 Vgl.: Dieter Lattmann, Das Anekdotenbuch. 1979
4 Verf. und Karl Rauch, Der heitere Frühschoppen. 1962
5 Verf.: Als Hans noch Hänschen war. Heiteres aus der Kindheit berühmter Leute. 1958
6 Nach: Carl Benz, Lebensfahrt eines deutschen Erfinders.⁵ 1940
7 Nach: Ahrends, Gelehrtenanekdoten. 1911
8 Nach: Karl Setz, Dodeldum. Komische Geschichten um einen schwäbischen Oberamtsrichter. 1956
9 Nach: Theodor Kerner, Das Kerner-Haus und seine Gäste. ³ 1913
10 Vgl.: Schwaben wie es lacht. Eine Sammlung schwäbischen Humors herausgegeben von Heinz-Eugen Schramm. 1976
11 Nach: Die Welt, unabhängige Tageszeitung für Deutschland. 1982
12 Vgl.: Elsbeth Janda, Humor unserer Stadt Heidelberg. 1971
13 Nach: Theodor Haering, Der Mond braust durch das Neckartal. 1935
14 Nach: Der Spiegel, 14. 4. 1982
15 Nach: Manfred Rommel, Abschied vom Schlaraffenland. Gedanken über Politik und Kultur. 1981
16 Vgl.: Heuss-Anekdoten. Gesammelt und erzählt von Hanna Frielinghaus-Heuss. 1979
17 Nach: Humor in der Technik. Hrsg. von Wilhelm Dorn und Karl Lütgen. 1949
18 Nach: Isolde Kurz, Aus dem Reigen des Lebens. 1933
19 Nach: J. Bentley / F. Porsche, Porsche. Ein Traum wird Wirklichkeit. Ein Auto macht Geschichte. 1978
20 Nach: Hans Thoma, Ges. Schriften und Briefe. 1927
21 Verf.: Dackel, Pudel, Doggen und berühmte Leute. 1959
22 Nach: Georg Weber, Heidelberger Erinnerungen. 1886

# Personenregister

Adenauer, Konrad 23 f., 40
Astor, Johann Jakob 8
Baumeister, Willi 8
Bayer, Hans 62
Beerhalter, Christian 9
Benz, Hansjörg 10
Benz, Karl 6 f., 10 f.
Berlichingen, Götz von 43
Bosch, Robert 6 f., 12
Burckhardt, Jacob 20
Bunsen, Robert 12 f.
Daimler, Gottlieb Wilhelm 6 f., 10
Degen, Prof. 13
Dodel, Wilhelm Adam 14
Eberhard Ludwig, Herzog 44
Ebert, Friedrich 41
Eichendorff, Joseph von 15
Eiermann, Egon 15
Einstein, Albert 16
Emilie, Tante 17
Epplinger, Karl 70
Fehrenbach, Konstantin 17
Fichte, Immanuel Hermann 18
Fichte, Johann Gottlieb 18
Fickler, Josef 29
Filbinger, Hans Karl 7, 58
Findel, stud. 14
Fischer, Emma 26 f.
Fischer, Kuno 18
Fouqué, Friedrich de la Motte 15
Freiligrath, Ferdinand 19
Friedrich I., Großherzog 6, 20 f., 39
Friedrich Wilhelm IV. 21 f.
Ganß, Julius 11
Gerok, Karl 23
Gerstenmaier, Eugen 23
Gienger, Eberhard 24
Goethe, August 55
Goethe, Johann Wolfgang 33 f., 55
Grävenitz, Gräfin von 45
Gundolf, Friedrich 25
Gunzert, von 69
Gutenberg, Johannes 42
Haering, Theodor 17, 26, 48

Hase, Viktor 27
Hauff, Volker 27 f.
Hauff, Wilhelm 6, 28
Heckel, Emil 29
Hecker, Friedrich 29
Hegel, Georg Wilhelm Friedrich 6, 18 f., 29
Heine, Heinrich 5, 29
Heinkel, Ernst 6, 30
Heinrich, Herzog 31
Heinrich, Prinz 33
Heuss, Theodor 30 ff.
Hirth, Helmut 32
Hohenheim, Theophrast von 45
Hölderlin, Friedrich 34
Iffland, Wilhelm 33
Jünger, Ernst 34 f.
Kant, Immanuel 19
Karl V., Kaiser 45 f.
Karl Theodor, Kurfürst 28
Kerner, Justinus 15, 19, 35 ff., 57, 59, 66, 71
Kerner, Theobald 19, 56 f.
Kiesinger, Georg, 7, 37, 58
Kiesinger, Marie-Louise 37
Kirchhoff, Gustav 12
Klotz, O. B. 38
Körner, Christian Gottfried 53
Körner, Theodor 37
Kurz, Isolde 38, 44
Luise, Großherzogin 39
Maier, Reinhold 40
Mauthner, Fritz 57
Mayer, Karl 57
Mayer, Prof. 35
Mayer-Vorfelder, Gerhard 41
Max von Baden, Prinz 41 f.
Melanchthon, Philipp 42
Mergenthaler, Ottomar 43
Meyle, Paul 43
Mörike, Eduard 7, 44
Münchhausen, Börries von 25
Münchhausen, Thankomar von 25
Murr, Wilhelm 26
Napoleon Buonaparte 6
Nemett, Veteran 21

Neumann, Angelo 69
Osiander, Lucas 45
Osiander, Prof. 64
Paracelsus, Arzt 45 f.
Porsche, Ferdinand 46 ff.
Porsche, Ferry 6, 46 ff.
Quenstedt, Friedrich August 48
Renger, Annemarie 58
Rommel, Erwin 48
Rommel, Manfred 48 f.
Sauer, Roland 27
Schäfer, Wilhelm 49
Scheffel, Viktor von 50 ff.
Schelling, Friedrich Wilh. von 6
Schiller, Friedrich 7, 18, 28, 33 f., 53 ff.
Schmid, Carlo 55
Schubart, Friedrich 56
Schurz, Carl 29
Schwab, Gustav 57, 64
Schwarzert, Georg 42
Schwarzert, Philipp 42
Sielken, Hermann 73 f.
Späth, Lothar 7, 58
Späth, Uschi 58
Spemann, Hans 58 f.

Spranger, Eduard 17
Strauß, David Fr. 59
Struve, Gustav von 29
Supper, Auguste 59
Thielicke, Helmut 17
Thoma, Hans 60 ff.
Troll, Thaddäus 62 f.
Trübner, Wilhelm 61, 63
Uhland, Ludwig 5 f., 15, 37, 57, 64 ff.
Vergilius, Publius.50
Vischer, Friedrich Theodor 67 ff.
Wagner, Richard 28 f., 54, 68 f.
Wetzel, Ernst 70
Wieland, Christoph 72
Wildermuth, Ottilie 72
Wilhelm I., Kaiser 23
Wilhelm I., König 9, 73
Wilhelm II., König 72
Windelband, Wilhelm 19
Wirth, Joseph 17
Wurm, Theophil 26
Zachariä, Karl Salomo 73
Zeppelin, Ferdinand Graf von 6 f., 74 f.

# Anekdoten im HUSUM TASCHENBUCH

### Anekdoten aus Baden-Württemberg
111 Anekdoten von A bis Zet
Gesammelt und niedergeschrieben von
Richard Carstensen
78 Seiten, broschiert

### Anekdoten aus Bayern
111 Anekdoten von A bis Zet
Gesammelt und niedergeschrieben von
Richard Carstensen
81 Seiten, broschiert

### Anekdoten aus Berlin
111 Anekdoten von A bis Zet
Gesammelt und niedergeschrieben von
Richard Carstensen
95 Seiten, broschiert

### Anekdoten aus Niedersachsen
111 Anekdoten von A bis Zet
Gesammelt und niedergeschrieben von
Richard Carstensen
79 Seiten, broschiert

### Anekdoten aus Schleswig-Holstein 1
111 Anekdoten von A bis Zet
Gesammelt und niedergeschrieben von
Richard Carstensen
2. Aufl., 71 Seiten, broschiert

### Anekdoten aus Schleswig-Holstein 2
111 Anekdoten von A bis Zet
Gesammelt und niedergeschrieben von
Richard Carstensen
77 Seiten, broschiert

**HUSUM** HUSUM DRUCK- UND VERLAGSGESELLSCHAFT
Postfach 1480 · 2250 Husum

# Regionalia im HUSUM TASCHENBUCH

Anekdoten aus Baden-Württemberg · Anekdoten aus Bayern · Anekdoten aus Berlin · Anekdoten aus Niedersachsen · Anekdoten aus Schleswig-Holstein 1 · Anekdoten aus Schleswig-Holstein 2 · Anekdoten vom Militär · Schleswig-Holsteins Kunst – entdecken und erleben · Schleswig-Holsteins Literatur – entdecken und erleben · Kinder- und Jugendspiele aus Schleswig-Holstein 1 · Kinder- und Jugendspiele aus Schleswig-Holstein 2 · Kinder- und Jugendspiele aus Westfalen · Kindheitserinnerungen aus Hamburg · Kindheitserinnerungen aus Schleswig-Holstein · Kindheitserinnerungen aus Westfalen · Komponisten aus Schleswig-Holstein · Legenden der kanadischen Indianer · Lügengeschichten aus Schleswig-Holstein · Märchen aus Niedersachsen · Aus dem Sagenschatz der Brandenburger und Schlesier · Aus dem Sagenschatz der Hessen · Aus dem Sagenschatz der Pommern und Ostpreußen · Mecklenburgische Sagen und Märchen · Volkssagen aus Niedersachsen · Sagen aus Schleswig-Holstein · Sagen aus Südtirol · Sagen aus Westfalen · Schwänke aus Niedersachsen · Schwänke aus Schleswig-Holstein · Sprichwörter und Redensarten aus Schleswig-Holstein · Weihnachtsgeschichten aus Berlin · Weihnachtsgeschichten aus Brandenburg · Weihnachtsgeschichten aus Bremen · Weihnachtsgeschichten aus Hamburg · Weihnachtsgeschichten aus Hessen · Weihnachtsgeschichten aus Köln · Weihnachtsgeschichten aus Mecklenburg · Weihnachtsgeschichten vom Niederrhein · Weihnachtsgeschichten aus Niedersachsen · Weihnachtsgeschichten aus Oberschlesien · Weihnachtsgeschichten aus Ostpreußen · Weihnachtsgeschichten aus Pommern · Weihnachtsgeschichten aus dem Rheinland · Weihnachtsgeschichten aus Schlesien · Weihnachtsgeschichten aus Schleswig-Holstein 1 · Weihnachtsgeschichten aus Schleswig-Holstein 2 · Weihnachtsgeschichten aus Westfalen · Weihnachtsgeschichten aus Württemberg · Witze aus Hamburg · Witze aus Mecklenburg · Witze aus Ostpreußen · Witze aus Pommern · Witze aus Sachsen · Witze aus Schleswig-Holstein

HUSUM DRUCK- UND VERLAGSGESELLSCHAFT
Postfach 1480 · 2250 Husum